I0173888

LE

COMBAT DE FORMERIE

PAR

Le Capitaine breveté C. LÉVI

En vente chez Paul RIEZ

LIBRAIRE A CAMBRAI

CAMBRAI

IMPRIMERIE ET LITHOGRAPHIE DE RÉGNIER FRÈRES

PLACE-AU-BOIS, 28 ET 30

1901

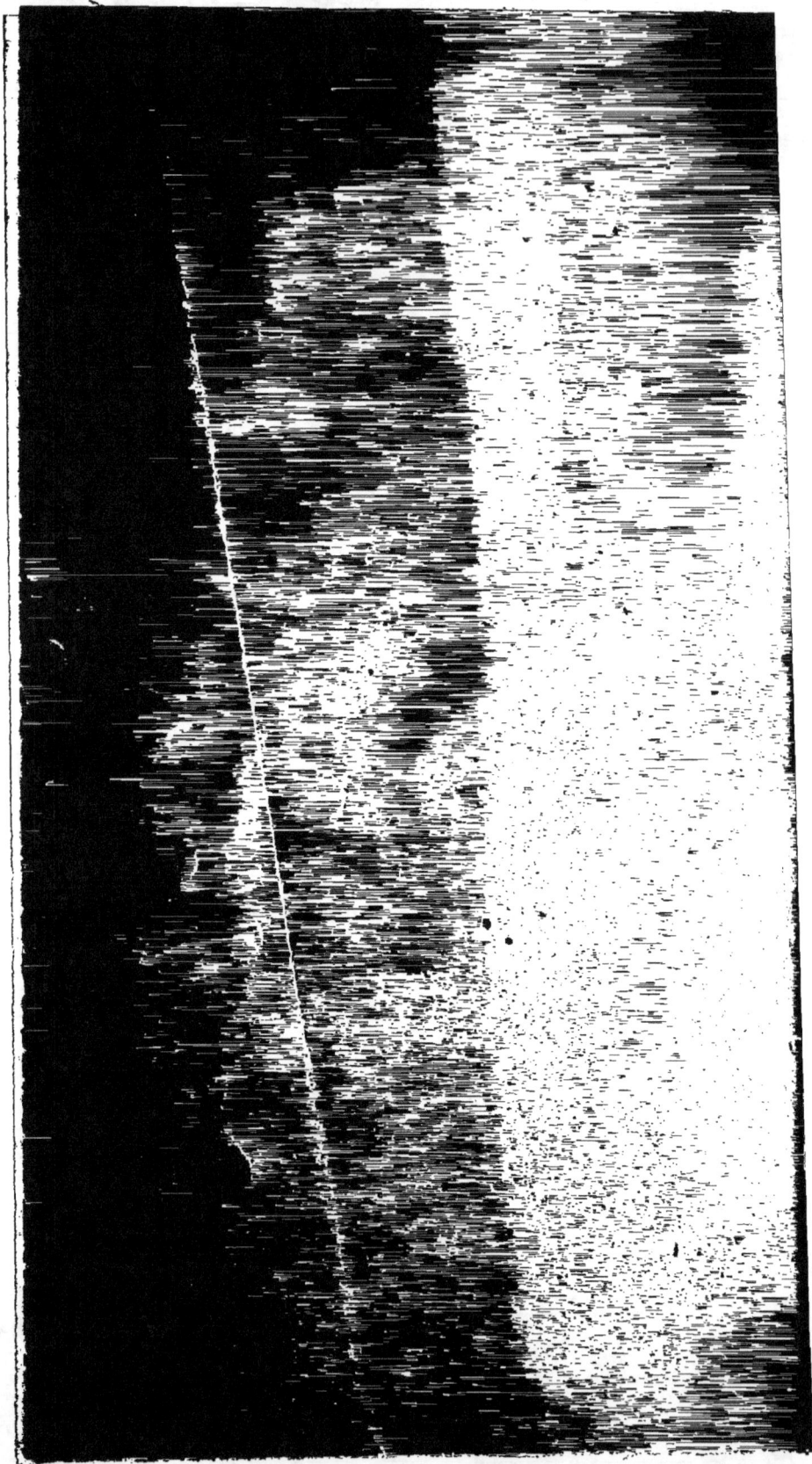

LE COMBAT DE FORMERIE

TIRÉ A 100 EXEMPLAIRES

LE
COMBAT DE FORMERIE

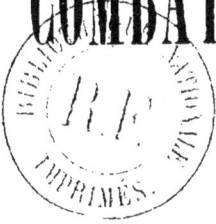

PAR

Le Capitaine breveté C. LÉVI

CAMBRAI

IMPRIMERIE ET LITHOGRAPHIE DE RÉGNIER FRÈRES

PLACE-AU-BOIS, 28 ET 30

—

1901

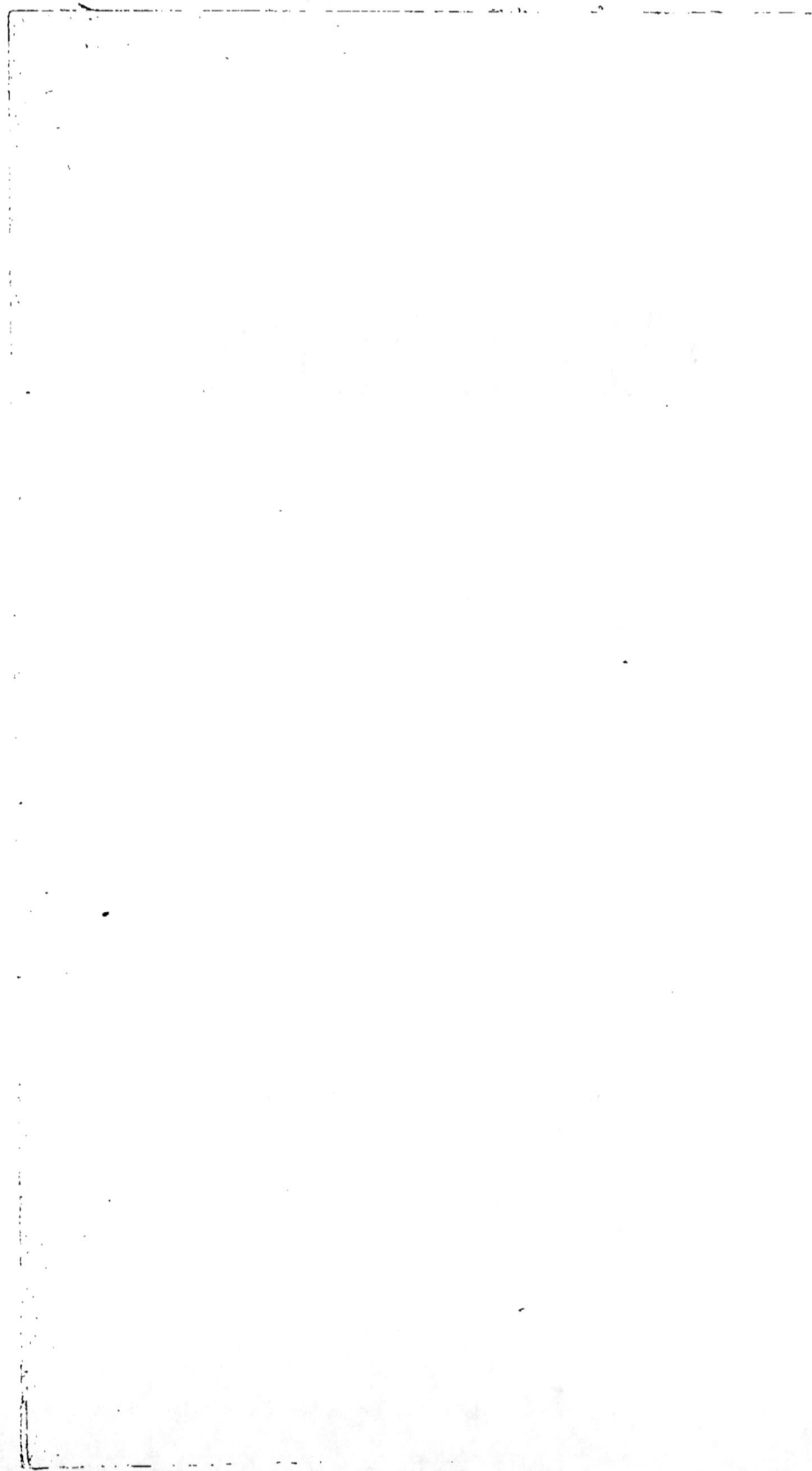

Dédié au Lieutenant-Colonel et aux survivants
du 46me Mobiles.

—⁓◦⊷⁓—

LE COMBAT DE FORMERIE
Vendredi 28 Octobre 1870

—————

ÉTUDE TACTIQUE

SUR

UN COMBAT DE LOCALITÉS EN PAYS DE HAIES

————≪⟩⟨⟩≫————

CONDITIONS LOCALES

Soleil :	Lever à 6 h. 40, coucher à 4 h. 40.
Temps :	Pluie torrentielle toute la journée.
Terrain :	De labour, sectionné par des haies et des bandes boisées.
Sol :	D'argile, fraîchement labouré et profondément détrempé par les pluies.

CANEVAS

SOURCES

A. Françaises. *Bellou* (Maire de Formerie). — Notes.
Bocquillon (Chef d'escadron). — Note.
Boelle (Lieutenant-Colonel). — Note.
Bourbaki (Général). — Déposition devant la Commission d'enquête.
Briand (Général). — Lettre.
Brunot (Lieutenant-Colonel). — Note.
Chanzy (Général). — La 2me armée de la Loire.
d'Espeuilles (Général). — Notes.
Grenest (pseudonyme). — Les armées du Nord et de Normandie.
Historiques. — 19e et 76e de ligne, 3e hussards, 15e d'artillerie.
Joachim (Lieutenant). — Rapport.
Kanappe (Commandant). - Sans armée.
de Lalène-Laprade (Lieutent-Colonel). — Rapport et Notes.
Lemas. — L'invasion dans l'Oise.
Maxime Lecomte (Lieutenant de mobiles). — Campagne du Nord.
Niox (Général). — Simple récit.
Paulze d'Ivoy (Général). — Lettre.
Pellerin (Maire d'Equennes). — Note.
Pigouche (Lieutenant-Colonel). - Note.
Rolin. — La guerre dans l'Ouest.
Tanera. — Opérations de l'armée française du Nord.
Trochu (Général). — Le siège de Paris.
Tyssandier. — Le Général Lecointe.

B. Allemandes. *Grand Etat-Major.* — Fascicule 15.
Kretschmar. — Histoire de l'artillerie saxonne.
Von Lüdinghausen. — Historique du 2e régiment de la garde à pied.
Moltke. - Correspondance (3e volume).
Von Schimpff. — Historique du 18e Ulans.

§ I. — Situation le 27 Octobre au matin

A. Français

Il y a, dans la région, 3 rassemblements de troupes françaises, le 1er à Fleury-sur-Andelle (dont je n'ai pas à m'occuper ici), le 2e à Argueil (colonel d'Espeuilles), le 3e à Amiens (général Paulze d'Ivoy).

I. — Rassemblement d'Argueil

Ce rassemblement se relie à *Lyons-la-Forêt*, avec celui de Fleury-sur-Andelle. La liaison est assurée par le 8e bataillon du Pas-de-Calais. Les guides à cheval du colonel Robert le Fort sont sur le bord de la forêt de Lyons. Le colonel d'Espeuilles a sous ses ordres directs les éléments suivants :

à *la Feuillie :*   le 1er bataillon du Pas-de-Calais.

à *Argueil :*   2 escadrons du 3e hussards et le 4e bataillon de l'Oise.

à *Forges :*   2 escadrons du 3e hussards et 2 compagnies du 1er de l'Oise.

à *Gaillefontaine :* 3 pelotons du 3e hussards et 1 compagnie du 1er de l'Oise.

à *Formerie :*   1 peloton du 3e hussards.

à *Villedieu, Haucourt, Crumesnil, Longmesnil :*   4 compagnies du 1er de l'Oise.

Contrairement à ce qu'on lit dans divers ouvrages, *Gournay,* en avant de la droite de la ligne, était, à ce moment-là, abandonné par nous ; sans être aussi timide que du côté de *Fleury-sur-Andelle,* la défense est très retirée de ce côté-là.

II. — **Rassemblement d'Amiens**

Ligne avancée à *Equennes :*		Compagnies franches du Gard et du 1er du Nord.
	à *Conty :*	Francs-tireurs de St-Quentin , capitaine Decaux.
	à *Flers :*	Compagnies de dépôt de la Somme, capitaine Delzant.
	à *Moreuil :*	Compagnies de reconnaissance, commandant Bayle.
	à *Beaucourt :*	Francs - tireurs de Picardie , capitaine Lormier.
	à *Vauvillers :*	Chasseurs francs - picards , capitaine Delassus.
1re ligne,	à *Poix :*	2e bataillon du Gard, capitaine Chambon.
	à *Hébécourt :*	4e bataillon de la Somme, commandant Huré.
	à *Sains :*	1 peloton du 8e dragons, sous-lieutenant Marietti.

1re ligne,	à *Boves :*	10e bataillon du Nord, commandant Benoit de Laumont.
Réserve,	à *Amiens :*	2e bataillon de chasseurs de marche , dépôt du 43e, 2e du Pas-de-Calais, 2e et 3e de la Marne, 1er du Nord, volontaires de la Somme, 2/3 batterie Ravaut et 1/3 batterie Pigouche du 15e, Peloton à cheval de la garde nationale d'Amiens.

B. Allemands

Du côté allemand, il y a également 3 rassemblements, l'un à Gisors (prince Albert de Prusse), les 2 autres à Beauvais et Clermont (comte de Lippe).

Je laisse de côté le rassemblement de Gisors qui comprend les 1er et 3e ulans de la garde prussienne, 3 bataillons et 2 batteries. Je me bornerai à dire qu'il n'est guère plus actif que celui de Fleury qui lui fait face et se borne à envoyer chaque jour une patrouille sur *Etrépagny* et une sur *Talmontiers*.

I. — Rassemblement de Beauvais

Détachement avancé, à *Marseille-le-Petit*, sous les ordres du lieutenant-colonel von Trosky :

> III/3e reitres et IV/18e ulans.
> 1re et 2e/2e garde à pied.
> 1/3 batterie Zenker.

1re ligne, à *Beauvais,* sous les ordres du général Senfft von Pilsach :

> 3e reitres (moins 1 escadron).
> 18e ulans (moins 1 escadron).
> II/2e garde à pied.
> 2/3 batterie Zenker et 1/3 batterie Lindner.

II. — Rassemblement de Clermont

1re ligne, à *Clermont,* sous les ordres du général Krug von Nidda :

> Reitres de la garde.
> 3e et 4e/2e garde à pied.
> 2/3 batterie Lindner.

2e ligne à *Chantilly, Creil, Mouy, Hermes,* sous les ordres du colonel von Miltitz :

> 17e ulans.
> III/2e garde à pied.

§ II. — Organisation des forces en présence

A. Français

1° Les troupes du rassemblement d'Argueil ont un commencement d'organisation ; il y a déjà eu une sorte d'amalgame.

Les bataillons de mobiles se composent de 7 compagnies à 180 hommes ; les bataillons de marche sont à 6 compagnies à 130 hommes seulement.

Le colonel d'Espeuilles a longtemps réclamé un

peu d'artillerie, sans jamais pouvoir l'obtenir. Le 5 octobre il recevait du sous-préfet de Neufchatel ce télégramme : « Avez-vous du canon ? J'apprends « qu'il y a à Neufchatel 2 canons de 4, pourrais « vous les expédier immédiatement avec un ancien « artilleur. »

Mais, en réalité, il n'eut d'artillerie que plus tard (batterie Waddington). Contrairement à ce qu'on a souvent dit, la défense mobile a besoin d'artillerie. *(Observation n° 1).*

L'effectif total du rassemblement d'Argueil est de 5.620 hommes dont 1.260 pour le 1er bataillon de l'Oise, commandant Cadet, et 600 pour le 3e hussards, lieutenant-colonel de Reinach.

2° Les troupes du rassemblement d'Amiens n'ont aucune espèce d'organisation ; les divers bataillons n'ont aucune espèce de liaison entre eux ; les effectifs, sauf celui du 1er bataillon du Nord qui comprend 6 compagnies à 172 et une compagnie franche à 116, sont quelconques et très divers. La première organisation datera, en effet, du 6 novembre suivant.

L'effectif total du rassemblement d'Amiens est de 11.332 hommes.

B. Allemands

12e division de cavalerie, comte de Lippe.
23e brigade de cavalerie saxonne, général Krug von Nidda.
Reitres de la garde, colonel von Carlowitz.

23e brigade de cavalerie saxonne, 17e Ulans, colonel
                                    von Miltitz.
24e brigade de cavalerie saxonne, général Senfft von
                                    Pilsach.
                        3e Reitres, colonel
                                    von Standfest.
                        18e Ulans, lieu-
                                    tenant - colonel
                                    Trosky.
Infanterie prussienne : 2e régiment de la garde
                                    à pied.
Artillerie saxonne :   1re batterie à cheval,
                                    capitaine Zenker.
                        2e batterie à cheval,
                                    lieutenant Lindner.

Telle était l'organisation théorique, mais dans
la pratique, la 12e division de cavalerie était
répartie en 2 brigades mixtes :

Brigade Krug : Reitres de la garde, 17e Ulans,
                6 compagnies, batterie Lindner.
Brigade Senfft : 3e Reitres, 18e ulans, 6 compagnies,
                batterie Zenker.

Dans toutes les armées allemandes, sévissait le
système du « tout à la *brigade mixte* » ; c'est ainsi
que par analogie avec ce qui se passait dans les
divisions d'infanterie, l'artillerie et l'infanterie des
divisions de cavalerie étaient réparties entre les
brigades.

Il y avait à cela trois raisons : commandement
devenu insuffisant, mode, opérations conduites en
pays de haies, qui exigent la diffusion des armes
dites spéciales. *(Observation no 2).*

De plus, la brigade Krug ayant reçu l'ordre de s'abstenir pour le moment, de trop pousser dans la direction de Compiègne, 2 pièces de la batterie Lindner (section Mittelbach) lui sont enlevées, pour être provisoirement attribuées à la brigade Senfft, qui comprend dès lors :

> 8 escadrons (1120),
> 6 compagnies (1200),
> 8 pièces (185).

§ III. — Projets du Commandement

A. Français

A l'époque qui nous occupe, il y a en l'air, tant à la 2ᵉ division militaire, général Briand (Rouen) qu'à la 3ᵉ, général Bourbaki (Lille), de vagues projets de surprise contre Beauvais.

Quant au général Paulze d'Ivoy, commandant supérieur à Amiens, qui a tout disposé pour repousser une attaque (lettre du 23 Octobre 1870 adressée au général Bourbaki), il s'empresse de saisir l'occasion de se rendre utile, donnant ainsi le premier exemple de ce dévouement qu'il ne cessera pas de montrer jusqu'au dernier jour de la campagne du Nord. *(Observation nᵒ 2 bis).*

B. Allemands

La 12ᵉ division de cavalerie a, en définitive, à remplir la mission qui sera attribuée plus tard à la 1ʳᵉ armée : couvrir face au Nord, l'investissement de Paris.

Quant au comte de Lippe, qui commande à Beauvais, il ne songe, pour le moment, qu'à étendre la zone de ses réquisitions.

Ainsi, le détachement Trosky, après avoir réquisitionné à Crèvecœur le 26, doit réquisitionner à Grandvilliers le 27 et à Formerie le 28.

§ IV. — Service d'information

A. Français

L'état des renseignements est le suivant :

I. — Du côté de Rouen

1º Le général Briand est avisé de la manière suivante :

Dans la soirée du 26, il est informé de l'arrivée à Marseille-le-Petit, du détachement Trosky, et des *bruits* qui courent au sujet de ses intentions, *(observation nº 3)*, d'où, ordre au 5ᵉ bataillon de marche de s'embarquer le lendemain matin pour Formerie (voir ci-après § V).

2º Le colonel d'Espeuilles est avisé de la manière suivante :

a) Dans la nuit du 27 au 28, l'instituteur de Marseille-le-Petit, M. Godin, chargé en temps ordinaire du bureau télégraphique, profitant de ce que les Allemands n'ont détruit qu'incomplètement le télégraphe (ils n'avaient coupé que les fils reliant Marseille à Songeons, laissant intact le fil de Marseille à Formerie) rétablit la communication à l'aide des appareils qu'il avait cachés. C'est un exemple des services que peut rendre un agent dévoué resté en pays envahi. *(Observation n° 4).*

Il télégraphie au colonel d'Espeuilles, que les conversations des soldats roulent sur une expédition projetée contre Formerie. *(Observation n° 5).*

b/ Le mouvement des Saxons est aussi annoncé par 2 hussards du pays que le colonel d'Espeuilles avait déguisés en gardeurs de moutons, d'où : décision prise par le colonel d'Espeuilles de se porter le lendemain sur Formerie.

II. — Du côté d'Amiens

1° *Dans la journée du 27*, le maire d'Aumale rend compte :

« L'ennemi est à Marseille, il fait des réquisi-
« tions dans les communes voisines de Grand-
« villiers ».

2° *Dans la même journée*, le brigadier de gendarmerie de Poix rend compte :

« Dans la matinée, 700 Prussiens sont entrés
« dans Grandvilliers pour y faire une réquisition,
« ils ont avec eux 2 pièces de canon. Le bataillon
« de la garde mobile qui est à Poix, s'est avancé
« aussitôt dans la direction de Grandvilliers où se
« trouvait déjà une compagnie de francs-tireurs.

« Au moment de mettre à la poste, des personnes

« qui arrivent de Grandvilliers disent qu'au
« moment où les Prussiens dînaient, il leur était
« arrivé une dépêche et qu'ils étaient repartis
« sans prendre le temps d'emporter leurs réqui-
« sitions.

« On suppose que le détachement laissé par eux
« à Marseille aurait été attaqué par la mobile de
« Formerie ».

3° *Enfin, à 5 heures du soir*, le général Paulze
d'Ivoy reçoit de Rouen l'avis ci-après :

« 700 à 800 Prussiens doivent demain se porter
« de Marseille-le-Petit à Formerie, pour s'emparer
« du chemin de fer d'Amiens à Rouen ».

B. Allemands

1° Le lieutenant-colonel von Trosky rend
compte de Marseille-le-Petit qu'un rassemblement
de troupes françaises est en train de se faire à
Formerie et, qu'au *dire des habitants,* si tout avait
marché à souhait le 26 à Crèvecœur, et encore le
27 à Grandvilliers quoiqu'avec plus d'inquiétude,
on aurait du fil à retordre à Formerie le 28
(observation n° 6), d'où : décision prise par le
général Senfft d'aller à Marseille-le-Petit, renforcer
le détachement Trosky (voir ci-après § V).

2° Le général Senfft, une fois arrivé à Marseille-
le-Petit, apprend que les Français se sont établis
en différents points de la voie ferrée d'Amiens à
Rouen.

« On était amené à la supposition que les
« Français avaient en vue une concentration, ou

« tout au moins la coopération des deux divisions
« de Rouen et d'Amiens, supposition qui gagnait
« en vraisemblance par ce fait qu'on venait
« d'apprendre que le genéral Bourbaki, le vigou-
« reux commandant de la garde impériale, s'était
« rendu de Luxembourg à Lille, pour y prendre le
« commandement en chef des forces françaises
« dans le Nord-Ouest ».

3º Le cantonnement de Marseille-le-Petit fut
agité pendant toute la nuit du 27 au 28, par des
bruits de surprise. *(Observation nº 7)*.

La 1ʳᵉ compagnie du 2ᵉ régiment de la garde à
pied resta sur pied, et fit battre les environs par
un service très actif de patrouilles.

§ V. — Dispositions prises le 27 dans la journée

I. Du côté de Rouen

A. Français

1º A 7 heures du matin, le 5ᵉ bataillon de marche,
commandant Barrau, est envoyé en chemin de fer
du Havre, avec mission de garder la voie ferrée
de Rouen à Amiens (76ᵉ de marche).

Il cantonne à Formerie (Compagnie Dornat) et
à Abancourt, Romescamps et Fouilloy, localités
situées respectivement à 6, 8 et 10 kilomètres de
Formerie.

2º Pour ce qui est du détachement du Nord, le
colonel d'Espeuilles fut tout étonné, en tournant

2

le bourg avec de la cavalerie, d'entendre le canon,
et d'arriver sur une troupe inconnue qu'on a
d'abord prise pour l'ennemi. *(Observation n° 7 bis).*

3° Le bataillon d'infanterie de marine compre-
nant les quatre compagnies H, I, J, K, parti de
Brest le 27 au matin par train spécial à destination
d'Amiens, était arrivé à Rouen le 28 au matin.
Le général Briand le fit repartir à midi ne sachant
pas encore où l'on se battait, en télégraphiant au
colonel d'Espeuilles à Argueil : « Un train portant
« 800 marins vient de partir de Rouen. Il a l'ordre
« de se rapprocher le plus possible du lieu de
« l'action, je vous préviens afin que vous puissiez
« les employer si cela est nécessaire. » Signé :
Chrétien. En route le capitaine Brunot commandant le bataillon, fut informé que c'était à
Formerie qu'on se battait. Aussitôt le train se
mit en marche à toute vapeur. Le capitaine Brunot
se plaça dans le fourgon de tête en compagnie
d'un inspecteur de la Compagnie, connaissant les
environs de Formerie, et qui offrit ses services
dans le but de guider le bataillon.

A Formerie, le bataillon se forma rapidement
en bataille. Le colonel d'Espeuilles se trouvait à
la station. L'ennemi était repoussé, le colonel
déclara au chef de bataillon qu'il n'avait pas
besoin de lui. Le bataillon regagna ses wagons et
continua son voyage sur Amiens où il arriva à
la nuit.

L'ouvrage Kanappe fait un tableau saisissant de
l'aspect que présentait la place de Formerie (où
son auteur ne se trouvait pas ce jour-là),

4° Le 4e bataillon de l'Oise arriva aussi à Formerie quand tout était fini.

II. — Du côté d'Amiens

Le 27, à 6 heures du soir, le général Paulze d'Ivoy fait appeler le commandant de Lalène-Laprade, le met au courant de la situation et lui donne les *instructions* suivantes :

« Rassemblez immédiatement votre bataillon et « conduisez-le à la gare où un train s'organise « pour l'embarquer ;

« Départ à 8 heures pour *Poix* où vous passerez « la nuit ;

« Demain, départ de *Poix* pour *Formerie* par « voie ferrée, d'assez grand matin, pour que vous « ayez le temps de vous porter en avant de « Formerie, dans la direction de Marseille, et de « vous y embusquer dans les bois avant le lever « du jour.

« Vous vous entendrez pour les dispositions à « prendre et pour l'exécution, avec le colonel « d'Espeuilles, que vous trouverez à Formerie ; « vous verrez avec lui s'il ne conviendrait pas de « laisser arriver l'ennemi jusqu'à Formerie, pour « le prendre ensuite entre deux feux et lui couper « la retraite. »

Il devait arriver ce qui arrive toujours avec les instructions à trop longue portée : elles sont à la merci du moindre incident qui fait peser d'un poids énorme la moindre disposition vicieuse ou préconçue qu'elles contiennent. *(Observation n° 8).*

Dans le cas présent, le détachement aurait dû être mis sous les ordres du colonel d'Espeuilles, qui lui aurait assigné son rôle suivant les circonstances et n'aurait pas été exposé à tirer sur lui. *(Observation n° 8 bis)*.

La résolution du chef de détachement se chargea heureusement d'y suppléer. *(Observation n° 9)*.

Ainsi qu'on peut s'en rendre compte à l'examen de la situation à la date du 27, il y a dans la direction de Formerie, quelques-uns des bataillons de mobiles du rassemblement d'Amiens, il y en a d'autres à Amiens même, c'est une constatation qui n'en rend que plus honorable le choix du 1er bataillon du Nord.

Le commandant de Lalène-Laprade, qui n'a que 6 compagnies à Amiens, a l'ordre de rallier sa compagnie franche et l'autorisation de s'adjoindre les autres compagnies franches qu'il rencontrerait.

Par une disposition, toute naturelle à première vue, mais qui mérite la plus haute approbation, quand on songe que pendant des semaines, le colonel d'Espeuilles avait réclamé en vain un peu d'artillerie, et que le général Paulze d'Ivoy lui-même craignait énormément de perdre des pièces, le commandant emmène avec lui une section d'artillerie ; le général lui recommande toutefois de veiller sur elle comme sur la prunelle de ses yeux. *(Observation n° 10)*.

Par contre, on peut regretter qu'il ne lui ait pas donné en même temps 4 cavaliers. *(Observation n° 11)*.

A 6 heures 1/2 du soir, le commandant de Lalène-Laprade fait sonner la marche du bataillon ; les hommes logés chez l'habitant accourent à la *Halle au Blé*, point de concentration du bataillon.

A 8 heures 1/2, le train spécial part de la gare d'Amiens ; il arrive en gare de Poix vers 10 heures.

Le détachement cantonne dans le village de Poix, où se trouve déjà le 2e bataillon du Gard.

B. Allemands

Dans l'après-midi du 27, le général Senfft von Pilsach part de Beauvais, avec un détachement composé comme il suit :

Les 3 escadrons restants du 18e ulans (I, III, V).

La 8e compagnie du 2e régiment de la garde à pied.

1 section de la 1re et 1 section de la 2e batterie à cheval.

Il vient cantonner à :

St-Omer-en-Chaussée : 1 1/2 escadrons et 1/2 compagnie.

Achy :   1 1/2 escadrons et 1/2 compagnie.

Marseille-le-Petit :   Etat-major et 2 sections à cheval.

Avec le détachement Trosky, qui se trouve déjà à Marseille-le-Petit, le général Senfft dispose donc des forces suivantes :

5 escadrons :   700 (III/3e reitres et 18e ulans).

3 compagnies : 600 (1re, 2e et 8e compagnies du
                      2e garde à pied).

6 pièces :   140 (2/3 Zenker et 1/3 Lindner).

Total : 1.440 hommes.

D'après la plupart des documents allemands, le général Senfft, pour tirer au clair la nouvelle situation qui paraissait se présenter, décide d'exécuter le lendemain 28, une reconnaissance sur Formerie. « Reconnaissance, nom excellent, dit quelque part le général Gœben, pour masquer un insuccès possible ». *(Observation n° 12).*

D'après d'autres documents, le général Senfft avait reçu l'ordre ferme de couper les communications entre Amiens et Rouen et de détruire la voie ferrée dans les environs de Formerie. Je ferai remarquer d'autre part que le général Senfft ne parait pas avoir renoncé à la réquisition prévue, puisque le détachement se fit suivre de 70 voitures, marchant à part sous les ordres d'un officier. *(Observation n° 13).*

Une petite partie d'entre elles est employée à transporter les sacs de l'infanterie, et même, au retour, à transporter l'infanterie elle-même. *(Observation n° 14).*

Reconnaissance du terrain

1° Aux abords de Formerie (ce qui est, du reste, la caractéristique de toute la Normandie), le terrain est coupé de haies d'épines blanches à hauteur d'homme, et parsemé de bosquets épais, ce qui fait que les vues sont très bornées.

Toutefois, au sud de la route de Marseille-le-Petit à Formerie, le terrain est plus découvert.

La lisière de Formerie elle-même, comme celles de toutes les fermes isolées que l'on rencontre aux environs, est également formée par des haies élevées et épaisses.

2° La briqueterie dont il est question dans le combat, est la construction qui se trouve le long et à l'Est du chemin de la cote 223, à 150 mètres au Sud de la route de Bouvresse à Formerie ; elle est entourée de fossés.

Presque immédiatement à l'Ouest de cette briqueterie, il y avait une bande boisée ; à l'ouest de cette bande, un terrain nu, de 200 mètres de largeur ; et, au-delà, à l'Est de Formerie, une autre bande boisée presque parallèle à la première, qui cachait Formerie à la vue, sur une longueur de 300 à 400 mètres.

3° Au débouché Ouest de Mureaumont, la route forme une légère courbe à gauche. Elle est bordée à droite, par un long mur de clôture qui masque la rue de Mureaumont.

4° Les bordures de Bouvresse sont formées par des jardins et des vergers qui s'étendent en une longue ligne coupant perpendiculairement la route.

§ VI. — Etude des opérations

I.— **Préliminaires,** jusqu'à 10 heures du matin.

A. Français

1° Détachement de Normandie

Le capitaine Dornat prend le dispositif suivant :

Pour signaler l'approche de l'ennemi, il disperse le peloton de hussards en vedettes aux abords de Formerie, avec ordre d'annoncer l'ennemi en tirant un coup de feu, et en se repliant ensuite vivement.

Pour défendre la gare de Formerie, il disperse sa compagnie en tirailleurs le long de la voie. Tout en faisant la part des idées de l'époque, on ne peut s'empêcher de trouver au moins prématuré ce dispositif que la simple approche de l'ennemi va bousculer de fond en comble. *(Observation n° 15).*

De grand matin, le *bruit* circule que l'ennemi s'avance en une colonne nombreuse d'infanterie, de cavalerie et d'artillerie. *(Observation n° 16).*

Vers 10 heures, les vedettes de la route de Marseille-le-Petit aperçoivent le peloton de ulans d'avant-garde sortant de Mureaumont, tirent un coup de feu, tournent bride et se replient d'une traite sur Formerie.

Les hussards français viennent à peine de rentrer que le peloton de ulans, traversant rapidement le bourg, arrive à fond de train sur la gare.

Accueilli par un feu de ligne qui blesse 2 cavaliers et plusieurs chevaux, il fait volte-face. et fuit dans la direction du bourg. Le capitaine Dornat, sentant que l'ennemi va revenir en force, prend la *résolution* de se porter au-devant de lui, en ne laissant à la gare qu'une escouade de 15 hommes, sous les ordres d'un sergent. *(Observation n° 17)*.

Le *rassemblement* de la compagnie a dû être laborieux, c'est le motif le plus plausible que je trouve pour expliquer que l'infanterie prussienne ait pu arriver avant elle sur la Place du Marché aux bestiaux. *(Observation n° 18)*.

2° *Détachement du Nord*

A 2 heures du matin, le commandant de Lalène-Laprade, profite de ce que les officiers sont tous logés dans la même maison que lui pour donner le signal du départ par alerte. C'est par le même procédé que l'alerte sera donnée à la brigade Foerster, le 19 Janvier 1871. *(Observation n° 19)*.

A 3 heures, en arrivant à la gare avec son détachement, il a la déception d'apprendre que le train sur lequel il comptait, était reparti pour Amiens et qu'il s'écoulerait du temps avant son retour. Sa *résolution* fut vite prise : Nous irons plus vite à pied. *(Observation n° 20)*.

A ce moment, le maire de Poix lui transmet l'*avis* qu'il vient de recevoir par *émissaire*, de la marche de 1100 à 1200 Prussiens vers Grandvilliers et Poix. *(Observation n° 21)*.

Le Commandant prend la résolution de commencer par se porter jusqu'à *Grandvilliers ;* une fois là, il agira suivant les circonstances. *(Observation n° 22).*

Il prend la précaution très sage de faire déposer, par compagnie, dans le hangar fermé de la gare de Poix, les musettes et le campement (les Mobiles n'avaient pas encore de sacs), et de requérir une *voiture* pour suivre le détachement et transporter les éclopés et, le cas échéant, les blessés. *(Observation n° 23).*

Bref, à 4 heures 1/2, la colonne se met en marche, avec un service de protection complet. L'artillerie, placée en queue de colonne, est suivie d'un peloton de soutien spécial.

La marche est lente d'abord, la nuit étant très obscure, et il pleut.

Il est 6 heures, et le jour commence à poindre, quand on arrive à *Equennes.* Après une halte qui est consacrée à rallier la compagnie franche du bataillon et celles du Gard, la colonne se remet en marche.

« Tout ce monde, dit M. de Lalène-Laprade, « semblait être dans de bonnes dispositions « morales. Le plus grand nombre paraissait « désireux de rencontrer l'ennemi ; était-ce « vaillance ou attrait de l'inconnu ? En tout cas, « la gaîté n'était pas absente ».

A 8 heures 3/4, la colonne arrive à Grandvilliers, transpercée par la pluie et affamée. Après placement de postes d'issue, il est accordé une grande halte d'une heure. D'après les *dires des habitants*, les Allemands ont quitté subitement la localité la veille, interrompant pour cela leur déjeuner. On ne sait rien de leur projet pour la journée du 28. *(Observation n° 24).*

B. ALLEMANDS

A 7 heures du matin, le détachement Senfft se forme à la sortie Sud-Ouest de Marseille-le-Petit, et se met en marche par une pluie battante, vers Formerie, à 16 kilomètres.

Le II/18e ulans (3 pelotons seulement) prend le service de protection. Le peloton de front suit la route, les pelotons de flanc se portent : celui de droite sur *Bonvresse ;* celui de gauche vers *Vaudoin.*

Plus le détachement approche de son objectif, plus les *indices* du voisinage des Français se multiplient. A l'entrée de toutes les localités, les habitants sont là qui gesticulent ; puis, au moment où on va les aborder ils disparaissent au fond des maisons.

A *Mureaumont,* dernière localité avant Formerie, on trouve le village complètement abandonné par ses habitants. *(Observation n° 25).*

Vers 10 heures, en arrivant à la sortie Est de Mureaumont, le peloton de pointe se heurte à 3 hussards français qui, après avoir déchargé leurs carabines se replient vivement sur Formerie.

Le major von Minckwitz, qui commande l'esca-

dron d'avant-garde, les suit au galop avec le
peloton de pointe.

Le major von Minckwitz, toujours poursuivant
les hussards qui se dérobent, traverse tout le
bourg sans recevoir un coup de fusil jusqu'à la
sortie Nord, où il est assailli par un feu si intense
partant de la gare qu'il est obligé de revenir avec
son peloton jusqu'au Sud de Formerie, recevant,
chemin faisant, pas mal de coups de fusil partant
des maisons.

Dans cette courte pointe, le peloton d'avant-
garde avait perdu son chef, le maréchal des logis
chef *Hesselbarth* mis hors de combat par un coup
de feu au bras gauche ; le maréchal des logis
Gahmig, blessé d'un coup de feu à la cuisse
gauche, et 3 chevaux, dont 2 tués, et 1 blessé
grièvement.

De son côté, le peloton de flanc droit a aussi
perdu un cheval par coup de feu.

Finalement, le peloton de pointe se rallie sous
la protection du III/3° reitres, porté en avant par
le lieutenant-colonel von Trosky.

II. — **Orientation**, de 10 heures à 11 heures 1/2.

A. Français

1° *Détachement de Normandie*

Le capitaine Dornat, ayant donc laissé un poste
à la gare, se porte avec les 115 hommes qui lui

restent, au pas gymnastique, vers la lisière Sud-Est du bourg.

Mais les Allemands l'ont prévenu dans cette *course au point d'appui*. (*Observation n° 26*).

En arrivant à la *Place du Marché aux bestiaux*, sa tête de colonne est accueillie par des coups de fusil partant des portes et des fenêtres des maisons du côté opposé de la place. Avec beaucoup de sang-froid, il fait vite entrer ses hommes dans les maisons faisant face à celles où se trouvent les Allemands, et d'où, peu à peu, on commence à répondre à leur feu.

Bientôt, l'artillerie saxonne, placée à la lisière du *bois de Bouvresse*, commence à prendre part au combat, tirant par-dessus les maisons, de manière à battre le secteur situé en arrière des maisons du côté ouest de la place. (*Observation n° 27*).

Les dégâts sont faibles : seuls, les obus qui tombent sur les maisons éclatent, sans faire grand mal ; les autres s'enfoncent dans le sol, sans éclater. (*Observation n° 28*).

Le bruit du canon a pour résultat de faire accourir les troupes voisines et d'être entendu du détachement du Nord.

A ce moment, les troupes susceptibles d'intervenir sont :

En 2 heures : le 1er de l'Oise, les autres compagnies du 76e, 2 escadrons de hussards.

En 3 heures : 2 escadrons de hussards.

En 4 heures : le 4e de l'Oise, le 1er du Nord et 2 pièces.

2° *Détachement du Nord*

A 10 heures, le temps fixé pour la grande halte est écoulé, lorsque le canon retentit dans la direction de Formerie.

Aux armes et en route, telle est la résolution que prend le chef de détachement.

Il n'y a pas de mécanisme plus délicat que celui de la *marche au canon* ; il y entre de tout : sentiment du devoir, abnégation, discipline, sens tactique, un peu de bonheur et beaucoup d'intelligence.

Il ne faut pas en faire une règle absolue ; ainsi, les conséquences véritablement néfastes de la bataille de Vermand, le 18 janvier 1871, seront dues à une marche au canon inopportune. *(Observation n° 29)*.

B. Allemands

A 10 heures 45, le dispositif est le suivant :

1re Ligne : Lieutenant-colonel von Trosky.

1/3 Batterie Zenker, sous les ordres du lieutenant Lossnitzer, en batterie à l'entrée du bois de Bouvresse sur la route, tirant sur Formerie, soutenue par III/3e Reitres.

Les 1re et 2e/ garde à pied, sous les ordres du capitaine von Horn, à cheval sur la route, prêtes à se porter à l'attaque.

2e Ligne : Major von Schnehen.

1/3 Batterie Zenker et 1/3 batterie Lindner, à l'embranchement du chemin de Boutavent à Campeaux, au sud de la route.

Les 3 escadrons du 18e ulans, rejoints par le peloton de pointe, en arrière.

La 8e/ garde à pied, au Nord de l'embranchement.

Protection des flancs, un peloton de ulans à Bouvresse, et un au Nord-Ouest de Campeaux.

A 11 heures 05, c'est-à-dire au bout de 20 minutes, pendant lesquelles les Français n'ont pas tiré un seul coup de fusil, le général von Senfft donne au capitaine von Horn, l'ordre de s'emparer de Formerie. Le capitaine von Horn désigne, à cet effet, la 1re compagnie, lieutenant von Hessenstein, qui doit attaquer par la route, tandis que la 1re section du 2e peloton, sous les ordres du sous-officier von Twardowski, doit chercher à atteindre par Boutavent la partie Est de Formerie.

Dans sa marche d'approche, la 1re compagnie, saluée par un feu rapide partant de la lisière, à 800 mètres, déploie, à cheval sur la route, ses 2 pelotons de tête qui essaient de progresser à la course dans ce terrain découvert, le peloton de soutien suivant à rangs serrés.

Mais la compagnie rencontre, dès le début de son mouvement en avant à la course, des difficultés insurmontables, par suite de l'état du sol fraîchement labouré et transformé par les pluies en une boue gluante dont on ne peut se dépétrer qu'avec peine à chaque pas, et dans laquelle on enfonce parfois jusqu'à mi-jambe.

Plusieurs grenadiers y laissent leurs *bottes*. (*Observation n° 30*).

Il y en a même, qui y laissent leurs chaussettes ;

entre autres le comte Beust de Weimar, engagé
volontaire pour la durée de la guerre, qui, malgré
son commandant de compagnie qui lui crie de
rester en arrière, pour panser ses pieds ensan-
glantés, reste à son rang dans son peloton.

En raison des difficultés de ce sol détrempé, les
2 pelotons déployés en tirailleurs sont bientôt
obligés de regagner la route pour avancer sur
Formerie, en la suivant, car, bien qu'inondée
d'eau, elle avait un sol plus consistant ; ils ne se
déploient de nouveau, qu'arrivés à quelques
centaines de mètres du village.

Les grenadiers sont obligés tout d'abord de
pratiquer à l'aide de *serpes*, des coupures dans les
haies : en pays de haies, il est indispensable
d'avoir des serpes et surtout des cisailles.
(Observation n° 31).

Néanmoins, la 1re compagnie pénètre dans le
bourg, sous la conduite de son chef.

Je trouve ici dans tous les documents allemands,
une affirmation qui est contraire aux documents
français, aux recherches que j'ai faites, et à la
vérité « la 1re compagnie arriva jusqu'à la *Place*
« *du Marché* et même jusqu'à la rue de Crumesnil,
« mais non sans avoir été obligée d'emporter
« successivement en se battant à coups de
« baïonnette et de crosse, les maisons et les jardins
« que défendaient opiniâtrement des fractions du
« 19e de ligne ; comme les habitants avaient pris
« une part active au combat, on brûla toutes les
« maisons ainsi prises ».

Pendant cette action, le comte Beust, qui était

couché derrière un tas de pierres, et se redressait à moitié pour tirer son premier coup de fusil, fut mortellement atteint au bas ventre par une balle qui, ayant traversé la cartouchière en fit éclater le contenu. *(Observation n° 32).*

Pendant ce temps, la section de flanc du sous-officier Twardowski s'était avancée sans éveiller l'attention, et à l'abri des haies, jusqu'à *la Brique-terie,* où se trouvait une patrouille d'infanterie française qui se retira en courant sur Formerie.

La section suivit à travers les jardins et les fermes et atteignit la *Place du Marché,* où des tirailleurs français, embusqués derrière les arbres répondaient bravement à l'attaque de la 1re compagnie par des feux rapides. Un *feu de flanc* inefficace, mais inattendu, suffit à les déterminer à se retirer en toute hâte dans les fermes voisines. *(Observation n° 33).*

Le mouvement de cette section est une esquisse de celui qu'il aurait fallu faire ; en pays de haies, il faut constamment chercher à gagner le flanc. *(Observation n° 34).*

D'autre part, en ce qui concerne la défense, on peut faire une observation analogue : en pays de haies, une patrouille est insuffisante pour garder un flanc. *(Observation n° 34 bis).*

III. — **Préparation,** de 11 heures 1/2 à 2 h. 1/2.

A. Français

1° *Détachement de Normandie*

A 11 heures 1/2, la 6e compagnie du 1er bataillon

de l'Oise, capitaine des Courtils, arrive à la gare de Formerie et l'occupe défensivement.

A midi, la 2e compagnie du 1er bataillon de l'Oise, capitaine Alavoine, arrive à son tour à la gare, avec 3 pelotons de hussards, venant de Gaillefontaine.

Tandis que les hussards prennent une position de réserve, la 2e compagnie se porte, au pas gymnastique, vers la *Place du Marché aux bestiaux*, et renforce à propos la compagnie du 76e de marche.

Le capitaine Dornat et le capitaine Alavoine sont blessés l'un et l'autre.

A midi 1/2 arrive le restant du bataillon de l'Oise :

La 1re compagnie se porte sur la *Place du Marché aux bestiaux*.

Les 4e et 7e occupent les maisons de la rue qui va de la gare à la Place du Marché.

La 5e compagnie est envoyée vers la partie Nord de Formerie.

A la même heure arrive le commandant Barrau, amenant ses compagnies d'*Abancourt* et de *Romescamps*.

A 1 heure, au moment où les fantassins allemands commencent à se retirer, arrive le colonel d'Espeuilles, amenant les *deux* escadrons d'Argueil.

Le colonel d'Espeuilles prend la résolution de tourner l'ennemi par sa gauche : il envoie le commandant Barrau, avec ses compagnies et un escadron de hussards, vers *Canny-sur-Thérain* avec mission de se porter par *Héricourt,* dans la direction de Songeons. */Observation n⁰ 35/.*

Mais le mouvement n'est que *dessiné* par les exécutants, ce qui retarde la décision. (*Observation n⁰ 36).*

L'honneur de l'intervention décisive était réservé au 1er bataillon du Nord.

Pour ce qui est de Formerie, le premier résultat du mouvement de recul de l'infanterie allemande, est un redoublement de coups de canon.

La présence dans le bourg de la 1re compagnie de la Garde à pied, avait en effet jusqu'à ce moment, gêné l'action de l'artillerie allemande. Dès lors, les obus se mettent à pleuvoir sur le village. Comme suite à la remarque faite plus haut, je suis en mesure d'affirmer que c'est à ce moment-là seulement que les fantassins prussiens mettent *à la main* le feu aux habitations qu'ils sont obligés d'évacuer ; l'un d'eux est tué par un mobile de l'Oise, dans la cour de M. Lemichon, cultivateur, au moment où il mettait le feu.

2⁰ *Détachement du Nord*

En quittant Grandvilliers, la marche, bien que stimulée par la canonnade incessante, est ralentie par l'obligation de fouiller, avant d'y pénétrer de confiance, d'abord les bois qui bordent la route, ensuite *Feuquières* (midi), enfin *Monceaux l'abbaye* (1 heure).

Le chef du détachement sait qu'il ne faut pas se

fier entièrement aux *dires des habitants* même les
mieux intentionnés, si l'on ne veut pas s'exposer à
des échauffourées.

La journée devait justifier une précaution dont
l'oubli se paiera deux fois dans la campagne du
Nord, d'abord, le 19 novembre 1870 à Vouel,
ensuite le 2 janvier 1871 à Béhagnies. *(Observation
n° 37)*.

A Monceaux-l'abbaye, il reçoit les premiers
renseignements sur le combat ; ils sont contradic-
toires, tant sur la force des Allemands, les
évaluations variant de 700 à 3.000 hommes, que
sur l'endroit où l'on se bat, et qui va de l'ouest à
l'est de Formerie en passant par le sud. Bref, il
admet que ce soit au sud-est, mais il demeure dans
l'incertitude la plus complète, tant sur la force des
Allemands que sur celle des troupes françaises
qui occupent Formerie.

Finalement, il cède à la tentation bien connue
de tous ceux qui se sont trouvés en pareil cas, de
former 2 colonnes. *(Observation n° 38)*.

La colonne de droite, destinée à tourner
Formerie vers la droite, composée des 2e, 4e, 6e et
7e compagnies, capitaine Lambin, lieutenant
Dervillé, capitaine Kuhlmann, et lieutenant
Girard, et de celles du Gard, sous les ordres
directs du chef de détachement, continue vers
Bouvresse, dans la direction de Formerie.

La colonne de gauche, destinée à entraver la
retraite de l'ennemi, composée des 1re, 3e et
5e compagnies, capitaines Boulay, de Lalène-

Laprade, et Crucis, — et de la section d'artillerie, sous les ordres du capitaine de Lalène-Laprade, prend le chemin de Monceaux-l'abbaye à Mureaumont, reconnu praticable à l'artillerie, en se faisant précéder par la compagnie franche (5e) en éclaireurs, et se dirige sur Mureaumont où l'on entend le canon.

Elle est conduite par un *guide. (Observation n° 39)*.

B. ALLEMANDS

A 11 heures 1/2 entrée en ligne de la 2e compagnie.

La 2e compagnie, postée à l'entrée de Formerie, envoie pour appuyer la 1re, 2 pelotons qui arrivent au moment où une compagnie française se porte contre le peloton du sergent-major Ising, au Sud de la grande rue. Un feu rapide a bien vite raison de la contre-attaque. *(Observation n° 40)*.

Cependant, le combat reste stationnaire : les Français défendent avec opiniâtreté les côtés Sud et Ouest de la Place, d'où part un feu si violent, que la 1re compagnie ne réussit pas à traverser la Place.

Ce n'est que grâce à une *mise en état de défense rapide* des portes, fenêtres, et aux créneaux qu'ils percent dans les minces parois d'argile des maisons, que les grenadiers doivent de pouvoir répondre pendant longtemps au feu des Français. *(Observation n° 41)*.

A midi, envoi à Bouvresse de la 8e compagnie et, au-delà, d'un peloton de ulans.

Le lieutenant en premier, von Kamptz, commandant la 8e compagnie, reçoit la mission de menacer le flanc gauche des Français, en marchant sur *Bouvresse*, et, par ce mouvement, de donner de l'air à la 1re compagnie.

En même temps, le lieutenant von dem Busche est envoyé en *observation* avec un peloton du III/18e ulans. *(Observation no 42)*.

La 8e compagnie, après s'être frayé à grand'peine un chemin dans le terrain boueux qui s'étend le long de la lisière Est de Bouvresse, se trouve tout-à-coup arrêtée par des haies si épaisses, qu'il lui est impossible de continuer le mouvement dans cette direction.

Sur l'ordre du général Senfft de se rabattre sur Formerie, elle traverse *Bouvresse* et arrive jusqu'à un grand champ découvert dont les limites étaient formées par des haies solides.

Tandis que le soutien reste en arrière d'une des dernières maisons, le peloton du lieutenant Luders se déploie en tirailleurs au Nord de la route, mais reçoit de deux côtés un feu si violent, sans même apercevoir les Français, qu'il est obligé de se replier.

Une seule section réussit à se loger à l'extrémité la plus avancée d'une épaisse haie, le restant du peloton ne réussit pas à trouver un emplacement de combat, soit en avant, soit en arrière. *(Observation no 43)*.

*A 1 heure, ordre aux 1re et 2e compagnies de se
replier jusqu'à la lisière,
et à deux pièces de la réserve de se porter
en première ligne.*

Sur l'avis du capitaine von Horn, qu'il a affaire au moins à 2 bataillons, dont un régulier, qui lui opposent une vigoureuse résistance, le général Senfft, ordonne de replier les 1re et 2e compagnies jusqu'à la lisière. En même temps, afin de compenser la supériorité numérique des Français par l'action de son artillerie, il fait rejoindre les 2 pièces de 1re ligne par les 2 de la batterie Zenker, tirées de la réserve, et leur fait ouvrir le feu.

Au moment même où les pelotons de la 1re compagnie reçoivent l'ordre d'évacuer la Place et de se rassembler à la lisière, les premiers obus tombent sur la Place.

Je trouve là un exemple intéressant, non-seulement d'*ouverture rapide* du feu, comme l'exigeait le cas particulier, mais surtout de *protection* à longue portée, d'une rupture, par l'artillerie. (*Observation n⁰ 44*).

Le ralliement se fait à grand'peine, pour la 1re par le capitaine von Horn, et son lieutenant en 2e Hohn, du côté Nord-Est de Formerie ; pour la 2e par le lieutenant Hessenstein, du côté Sud-Est.

L'historique du 2e garde à pied fait cette remarque que :

« Les vues, en particulier sur Formerie, étant « très bornées, et la 1re compagnie courant un « danger sérieux d'être enveloppée sur son flanc

« droit, le capitaine von Horn juge bon d'envoyer
« de ce côté une patrouille de combat ; il demande
« qui veut bien aller en patrouille (sic). Aussitôt
« deux hommes et le sous-officier von Twardowsky,
« sortent du rang ».

On trouve souvent, dans les historiques allemands, trace de ces patrouilles composées
d'hommes de bonne volonté. Mais ce que je veux
faire ressortir, c'est qu'en pays de haies, les
patrouilles de combat doivent être incessantes et
répétées à tout moment de la progression, et
surtout à chaque temps d'arrêt. (Observation nᵒ 45).

Au moment où la patrouille, circulant le long
des haies, arrive à la route de Bouvresse à
Formerie, une compagnie française s'engage sur
la route, à 60 mètres à sa gauche, comme pour
marcher sur Bouvresse. Ne pouvant prévenir
autrement le lieutenant Hohn qui se retire de ce
côté, le chef de patrouille imagine de tirer un
grand nombre de coups de fusil pour attirer son
attention. (Observation nᵒ 46).

La patrouille se couche dans le fossé de la route ;
c'est là que le sous-officier von Twardowski est
légèrement blessé à la main droite, et un des
volontaires grièvement au genou droit ; on essaye
de traîner ce dernier en arrière, mais il n'a pas
fait 50 mètres, que les douleurs deviennent trop
violentes ; on le couche contre une haie, et on le
couvre de son manteau.

« Peu après les Français le tuèrent à coups de
baïonnette » ajoute l'historique du 2ᵉ garde à

pied. A cette assertion aussi odieuse que gratuite
je répondrai ceci :

Il est très probable, que ce blessé aura voulu
reprendre part au combat.

COMBAT AUTOUR DE LA BRIQUETERIE

Face à Formerie

De son côté, le lieutenant Hohn a atteint, avec
son peloton, la route de Bouvresse à Formerie, et
il fait ouvrir le feu contre les tirailleurs Français
qui s'établissent dans les haies.

Mais, bientôt, comme la position ne lui offre
pas d'abri, et qu'il commence à perdre du monde,
il décide de se retirer sur la *briqueterie*.

Mais le mouvement est lent, tant à cause du sol
que de la fatigue des hommes. On est obligé
d'abandonner un homme, tué d'une balle au front.

En donnant l'ordre de répartir les cartouches, le
lieutenant s'aperçoit qu'il n'en reste qu'une ou
2 par homme ; il fait donc cesser le feu, se bornant
à faire tirer de temps en temps une cartouche, et
envoie le sous-officier von Twardowski (qui est
décidément universel) à la recherche de la 8e compagnie.

Ce sous-officier part sans arme, suit le terrain
nu qui s'étend le long de la ligne des tirailleurs
français, et rencontre à quelques centaines de
mètres au Nord de la briqueterie, un peloton de la
8e compagnie qui le pourvoit abondamment de
cartouches.

Il rejoint son peloton au moment où les Français essaient pour la seconde fois de déboucher de Formerie. A ce moment, le peloton Lüders de la 8e compagnie reçoit l'ordre de rejoindre le peloton Hohn, ce qu'il fait sous le feu plus vif.

Les 2 pelotons soutiennent là pendant une heure et quart un vif combat de feux contre les tirailleurs français qui se trouvent dans la bande boisée qui couvre Formerie. (Voir *Reconnaissance*).

Il y a là un intéressant exemple de la *difficulté de déboucher* d'un village sous le feu de *fractions espacées,* occupant des haies qui en investissent en quelque sorte la bordure. *(Observation n° 47).*

Les 2 autres pelotons de la 8e compagnie sont couchés en ordre serré à moins de 100 mètres en arrière d'eux, défilés aux vues des Français par une haie, sans être abrités contre leur feu.

Heureusement le tir est trop haut. *(Observation n° 48).*

Un seul homme reçoit une grave blessure au bas ventre.

Bref, à 2 heures 1/2, la situation est la suivante :

Les 1re, 2e et 8e compagnies font face à Formerie, occupant, à droite et à gauche de la Briqueterie, la route de Bouvresse à Formerie et le chemin du Vaudoin.

IV.— **Décision**, de 2 heures 1/2 à 4 heures 1/2.

La lutte est indécise. Le général Senfft ne paraît pas avoir songé à envoyer sa cavalerie sur les flancs, et même sur les derrières de Formerie ou au-devant des renforts français.

Sur le front, l'état du sol l'empêche d'utiliser sa supériorité en cavalerie (dès qu'on sort des routes, les chevaux enfoncent jusqu'au poitrail), mais les 6 pièces saxonnes n'en compensent pas moins largement son infériorité en infanterie.

Contrairement aux ordres du colonel d'Espeuilles, les défenseurs de Formerie ne *poussent pas*. Il y a immobilisation réciproque sur le front. *(Observation n° 49)*.

Tout à coup, le canon se fait entendre sur le flanc. C'est le détachement du Nord qui entre en ligne amenant la décision par son *intervention opportune. (Observation n° 50)*.

Dès 2 heures, le sous-lieutenant von dem Busche, toujours en observation près de Bouvresse, a rendu compte qu'une forte colonne française se porte sur *Mureaumont*, en longeant le *bois de Monceaux*.

A 2 heures 1/4, il a rendu compte que cette colonne vient d'atteindre la sortie Est de Mureaumont.

A 2 heures 1/2, le général Senfft donne l'ordre de rompre le combat.

Direction de retraite : *Campeaux-Songeons*. Le choix de cette direction est judicieux. Elle s'éloigne de l'aile menacée, et doit faire rapidement cesser la poursuite, si poursuite il y a. *(Observation n° 51)*.

1° *Devant Formerie*

A. Français

La tête de la colonne de droite étant arrivée à la croisée de la route de Formerie et du chemin de Blargies à Mureaumont, le chef de détachement donne l'ordre aux 2e et 4e compagnies, de se déployer en tirailleurs, et de se porter en avant vers la bordure de Bouvresse ;

Aux 6e et 7e compagnies, de se porter, pour les appuyer au besoin, derrière les compagnies déployées, l'une à droite, l'autre à gauche de la route ;

Aux mobiles du Gard, de suivre au centre.

La marche des mobiles, déjà retardée par l'état du sol et alourdie par le bruit du combat qu'ils entendent pour la première fois, est entravée d'une façon incroyable par *leur tendance au pelotonnement*, du reste commune à toutes les jeunes troupes. *(Observation n° 52)*.

Mais, grâce à l'énergie, à l'activité et au savoir-faire du chef de détachement qui est littéralement obligé de se trouver partout à la fois, on sort de l'impasse. Je ne connais pas d'exemple qui montre l'influence de *l'attitude personnelle* du chef d'une façon plus saisissante. *(Observation n° 53)*.

Bref, on se porte vers Bouvresse dans la formation indiquée.

Les tirailleurs sont arrivés à 200 mètres de la bordure, quand ils entendent siffler quelques balles venant d'un ennemi invisible. Cependant, ils entrent dans les vergers sans coup férir, mais avec de grandes difficultés pour franchir les haies et les clôtures.

Là encore, beaucoup d'hommes pour éluder la difficulté et obéissant à leur penchant irrésistible pour l'agglomération, se rejettent sur la route. Mais à ce moment, la fusillade de l'ennemi toujours invisible devient plus vive, et, en même temps, arrive un obus qui passe, avec un sifflement strident, à deux mètres au-dessus des têtes.

Cette fois les mobiles ont compris et les obus qui suivent, trouvent chacun à sa place, et le mouvement en avant prend plus d'allure. Enfin, on commence à apercevoir, par-ci par-là, les Prussiens à travers les haies, à moins de 50 mètres, et l'un d'eux, s'approchant à l'abri d'une haie, vient coucher en joue, à 10 mètres, le chef de détachement ; mais le capitaine Lambin, saisissant vivement le fusil d'un mobile, fait feu le premier et l'étend raide mort.

Dès que les mobiles arrivent près de la sortie du défilé, ils sont accueillis par une fusillade serrée partant de la *briqueterie*, plusieurs sont blessés. Pour prévenir toute hésitation, le sous-lieutenant *Colinet* et le sergent-major *Stavaux* (qui fut blessé) s'élancent, entraînent les mobiles à leur suite et, à la vue de la ligne des tirailleurs sortant des vergers, les Prussiens se replient vers le *Sud*, protégés par un petit pli de terrain.

On dépasse la *briqueterie*, on traverse le terrain nu et on pénètre dans la bande boisée qui cache

Formerie à la vue. (Voir *Reconnaissance*). A ce moment précis, le canon qui tonne encore du côté de Mureaumont, cesse complètement du côté de Formerie où la fusillade se ralentissant aussi peu à peu, finit par s'éteindre à son tour.

On accélère la marche, on arrive à la lisière opposée que longe la route.

·Il est 3 heures 1/2, on voit à 800 mètres les Prussiens qui se retirent précipitamment vers *Campeaux*.

A cet instant, le colonel d'Espeuilles sort de Formerie avec quelques cavaliers.

Les Prussiens, avant de disparaître à l'horizon, à 1000 mètres, font un dernier feu de salve, les balles effleurent le képi du colonel d'Espeuilles et des hussards. Il est 4 heures. Peu après le canon cesse aussi du côté de *Mureaumont*.

B. Allemands

L'ordre de retraite parvient en temps opportun à la 8ᵉ compagnie et au peloton de la 1ʳᵉ qui combat avec elle, dont la situation est devenue de plus en plus précaire : non seulement, en effet, les obus tirés sur Bouvresse, par les 4 pièces saxonnes, tombent tout près d'eux, mais dans cette localité même apparaissent des essaims de tirailleurs français.

Au moment même où elle se met en marche, la 8ᵉ compagnie est tout à coup assaillie à droite et à revers par une pluie de balles ; en même temps, les tirailleurs français, qui jusqu'alors sont restés dans la bande boisée, s'avancent en tirant.

Les 2 pelotons de chaîne se retirent en formant une longue ligne ouverte ; le peloton de soutien se déploie à côté d'eux.

L'historique du 2ᵉ garde à pied fait cette remarque que : « Le terrain coupé de haies ne « permet ni d'agir contre les tirailleurs français, « ni même de se rendre compte de leur force. »

De cette constatation ressort la nécessité, *non pas précisément d'une tactique, mais de procédés spéciaux en pays de haies. (Observation nᵒ 54).*

Quant à la formation, elle paraît devoir être : par petites fractions reliées par des éclaireurs. *(Observation nᵒ 54 bis.)*

De nombreuses *bottes* restées enfoncées dans le sol, marquent le chemin suivi par les grenadiers dans leur retraite. *(Observation nᵒ 55).*

La retraite s'effectue d'abord en ordre et avec calme ; seul, un homme grièvement blessé, tombe aux mains des Français. Un autre, blessé non loin de la route, n'arrivait pas à se dégager de la boue épaisse dans laquelle il était tombé. Il est sauvé par un cavalier saxon qui, se précipitant à son secours, le hisse sur son cheval, aidé d'un sous-officier, et le ramène. Ce groupe, fusillé à bout portant, revient sans une égratignure. J'ai tenu à citer cet exemple — j'en connais d'autres, — de *l'inefficacité d'un tir précipité,* même aux plus courtes distances. *(Observation nᵒ 56).*

La 8ᵉ compagnie, avec le peloton Hohn, de

la 1re, se rallie sur la route même, hors de la portée du fusil à tabatière. — Il est trois heures.

De là, elle continue sa marche sur *Campeaux*, autant que possible en ordre serré et à travers champs, couverte par son premier peloton, sous les ordres du vice-sergent-major Reimarus.

Ce dernier a à peine parcouru une faible étendue de terrain lorsqu'un feu rapide éclate sur son flanc gauche et à courte distance.

Le vice-sergent-major Reimarus se précipite aussitôt dans cette direction, en poussant des hourras, pendant que la compagnie se forme en ligne.

Les Français, 60 hommes environ, ne tiennent pas contre un *hourra* si énergique, et se retirent, rapidement poursuivis par le feu des 4 pelotons réunis, sous lequel 1 officier et 4 mobiles tombent morts tout près de la route. *(Observation n° 57).*

Les deux pelotons restants de la 1re compagnie atteignent péniblement *Campeaux*.

Le premier d'entre eux a pu se rassembler sans trop de difficulté, mais l'autre, celui du sergent-major Ising qui défendait avec acharnement sa position, et n'avait pu être touché par l'ordre de retraite, n'a pu être rappelé que par des *sonneries* répétées de clairons. *(Observation n° 58).*

Outre plusieurs tués, un grenadier, grièvement blessé, reste malheureusement aux mains de l'adversaire, il est tué par des paysans fanatiques. (Nota : c'est sans doute l'incendiaire).

Un autre est tué dans des conditions bizarres :

détaché en patrouille avec deux hommes, il n'a que le temps de se replier, mais, complètement épuisé de fatigue, il veut couper au court, et se frayer un passage à travers une haie ; il y reste embarrassé, et est atteint quelques minutes après par les Français qui l'assomment à coups de crosse.

La 2me compagnie atteint Campeaux sans difficulté.

Quant aux 4 pièces de 1re ligne, après avoir, comme je l'ai dit, protégé la rupture devant Formerie, elles ont fait *face à Bouvresse*, en faisant sur place un changement d'objectif.

A 2 heures 3/4 elles quittent leur première position et vont prendre une deuxième position au Nord de Campeaux, toujours face à Bouvresse, sous la protection du III/3° Reitres.

2° *Devant Mureaumont*

A. FRANÇAIS

Après avoir parcouru 1 kilomètre environ dans la direction de *Mureaumont* la colonne aperçoit sur sa droite, dans le bois dont elle suit la lisière, trois cavaliers allemands, ce qui signale au capitaine commandant que ses éclaireurs et ses tirailleurs ne sont plus reliés à lui, soit qu'ils se soient jetés dans une autre direction, soit qu'ils aient pris une trop grande avance. L'échauffourée de la division Robin, à Mory, le 2 Janvier 1871, ne sera pas due à une autre cause. Tout a été dit sur

4

la tendance des éclaireurs à manœuvrer pour leur propre compte. Des patrouilles, toujours des patrouilles, mais pas d'éclaireurs ! *(Observation n° 59).*

Le capitaine commandant lance une section en tirailleurs, pour éclairer sa marche, et arrive sans autre incident, *à l'église de Mureaumont,* sur la route de Formerie à Crillon. Il est 2 heures 1/2. A ce moment, trois cavaliers allemands, lancés à fond de train, apparaissent à l'extrémité Est du village ; ils viennent vers la colonne sans la remarquer. Quelques mobiles font feu sur eux, les manquent, les ulans tournent bride, et l'on a une preuve de plus de *l'inefficacité du tir précipité. (Observation n° 60).*

Dès lors, le capitaine commandant se heurte aux mêmes difficultés de direction que le chef de détachement. Après avoir tant bien que mal formé ses compagnies, il se dirige vers Formerie, suivant la route, dans la formation préparatoire en colonne par demi-section. *(Observation n° 61).*

Il se fie aux *dires des habitants,* d'après lesquels il n'y a que quelques vedettes aux abords du village. *(Observation n° 62).*

Dès que la tête de colonne débouche (voir *Reconnaissance),* elle aperçoit à 80 mètres au plus, 2 escadrons de cavalerie rangés en bataille et lui faisant face.

Le capitaine commandant fait avancer immédiatement les 2 pièces de 4 pour tirer à mitraille, et, en attendant, s'épuise en efforts surhumains pour former un peloton en bataille dans l'espoir de lui faire exécuter des feux d'ensemble.

La conduite à tenir par une infanterie ainsi prise à court, est de faire ouvrir le feu par les premiers hommes venus, en les prenant par le bras au besoin. C'est ce que fera, le 19 janvier 1871, le lieutenant-colonel Cottin, aux abords de la route de Chauny.

On se donne ainsi des chances de retourner de son côté les bénéfices de l'effet de surprise. Cela fait, on a le temps de jeter du monde à droite et à gauche. *(Observation n° 63).*

Pendant ce temps, la cavalerie semble se préparer à charger, mais les artilleurs commencent à peine à mettre les pièces en position, quand l'un des 2 escadrons s'entr'ouvrant, démasque 2 pièces placées en batterie sur la route même et que les servants achèvent de charger précipitamment.

Le lieutenant Joachim, voyant qu'il ne pourra tirer le premier, fait ce que lui suggère la première impression : secondé par le maréchal-des-logis Pinsard, il fait amener les avant-trains et partir les pièces au galop, bousculant quelques mobiles. C'en est assez pour que tous les mobiles suivent les pièces à la course. C'était inévitable et le fait se reproduira pour la dernière fois, il faut le dire, à l'armée du Nord, le 27 novembre 1870. Avec de jeunes troupes surtout, il faut éviter à tout prix toute *retraite précipitée de l'artillerie. (Observation n° 64.)*

Pendant ce temps, les artilleurs saxons, ayant

achevé leur charge, ouvrent le feu avec une telle
précipitation qu'ils ne s'aperçoivent pas qu'ils
tirent sur le coude de la route où il n'y a
personne.

La conduite à tenir par une artillerie prise à court
paraît être de laisser les pièces sur place en
abritant le personnel à proximité. (*Observation
n° 65*).

L'échauffourée vient d'avoir lieu, quand la
compagnie franche, capitaine Crucis, rejoint.
Cette compagnie faisant d'instinct ce qu'eût fait la
meilleure troupe, se lance en toute hâte en
tirailleurs dans les jardins et les vergers situés à
l'issue du village, tandis que le capitaine-
commandant se porte rapidement à l'extrémité
opposée de Mureaumont pour y reformer les autres
compagnies. L'artillerie saxonne n'a pas cessé de
tirer précipitamment et au jugé, il n'y a aucune
perte de son fait, aucun obus n'éclate sur la route
et les autres s'enfoncent sans éclater. (*Observation
n° 66*).

Le lieutenant Joachim, a pris une 2ᵉ position à
la sortie-est du village, dans le cimetière, et
immédiatement a riposté en *tirant par-dessus les
maisons. (Observation n° 67)*.

Mais, peu après, les Allemands cessent de tirer
parce que la compagnie franche, ayant ouvert son
feu, a obligé l'ennemi à quitter la position.

Les mobiles sont remis en ordre et en bataille,
parallèlement à la route, face au *Sud-Ouest de
Mureaumont.*

L'artillerie va prendre une 3ᵉ position au croisement de la route et du chemin de *Saint-Arnoult* à *Colagnies*. Elle y est depuis peu et les mobiles vont reprendre l'offensive lorsque la cavalerie apparaît à 1.400 ou 1.500 mètres, elle paraît suivre le chemin de *Boutavent* à *Colagnies*, aussitôt notre artillerie tire sur elle. A un moment où la cavalerie est de pied ferme, un obus bien dirigé vient éclater au milieu d'elle : on la voit s'écarter instantanément, puis s'éloigner rapidement. Un instant après le jour commence à baisser et l'on distingue à peine l'ennemi à 1.500 ou 1.600 mètres, se retirant précipitamment.

Toute poursuite autrement que par le feu de l'artillerie est jugée impossible, vu l'état du sol, la lassitude des mobiles et l'heure avancée.

Il est 4 heures 1/2 quand l'artillerie tire ses derniers coups.

NOTA : La patrouille du bois de Monceaux était composée de 3 cavaliers. Se voyant coupée, elle attendit, dans le bois, la tombée de la nuit, puis, faisant un grand détour, elle suivit la colonne, au bruit, et rentra à Beauvais une demi-heure après l'arrière-garde. *(Observation nᵒ 67 bis)*.

B. ALLEMANDS

A 2 heures 1/2, le major von Schnehen reçoit l'ordre de commencer le mouvement de retraite.

La réserve, réduite à 3 escadrons et 2 pièces, occupe toujours son emplacement primitif, mais elle a fait demi-tour, et fait maintenant face à Mureaumont.

A ce moment, les balles commencent à arriver de Boutavent. (Le capitaine von der Planitz a son cheval blessé, sous lui).

Le peloton du V/18e ulans qui, dans la marche en avant a formé arrière-garde, se trouve maintenant avant-garde.

En approchant de Mureaumont, il est accueilli par un feu d'infanterie des plus violents, partant de la lisière *Nord* du village. Le major von Schnehen fait mettre en batterie la section à cheval du vice-maréchal-des-logis chef Mittelbach, qui, se démasquant brusquement, accueille par un feu rapide à 800 mètres, les Français dont on voit distinctement les tirailleurs s'avancer à travers les jardins de Mureaumont.

Surpris par un salut si inattendu, ceux-ci se retirent à la hâte jusqu'à l'extrémité opposée du village.

Après ce succès, le major von Schnehen, laissant le V/18e ulans comme soutien spécial auprès des pièces, donne l'ordre aux I et III escadrons de tourner le village par le Sud, pour ouvrir le passage.

Pendant que le Ier escadron, formé en colonne de peloton, longe au trot en s'en tenant à 400 mètres, les jardins qui entourent le village, une troupe de mobiles surgit de ces jardins, et ouvre un feu violent contre l'escadron.

Le capitaine von Einsiedel fait sortir de la colonne un peloton avec ordre de faire sur eux une charge en fourrageurs. *(Observation n° 68).*

Mais, comme ces mobiles sont vigoureusement soutenus par un feu rapide partant des jardins, le peloton ne réussit pas à les aborder et est obligé de rejoindre l'escadron, ayant perdu 1 homme, qui a l'épaule traversée par une balle et 2 chevaux.

L'escadron lui-même, pour se soustraire au feu, est obligé de se retirer sur *Campeaux*.

Le IIIe escadron qui suit le Ier à courte distance, tombe également sous le feu des mobiles, et prend à son tour la direction de Campeaux. Les deux escadrons réunis de nouveau, longent la lisière Est de Campeaux, lorsqu'ils reçoivent soudain le feu de deux pièces qui se sont mises en batterie à la *sortie Nord de Colagnies-le-Bas,* sur la route de Formerie à Crillon.

Les Français toutefois, s'abstiennent de sortir de Mureaumont, visiblement troublés, tant par l'essai de charge du Ier escadron, que par quelques obus lancés par les pièces installées au *Nord de Campeaux*. Dès que l'infanterie a atteint les petits bois qui entourent Campeaux, la batterie se joint à la 8e et à la 2e compagnie, tandis que la 1re compagnie et l'escadron de Reitres reçoivent, avec le IV/18e ulans, l'ordre de former l'*arrière-garde.*

A son tour, le gros du détachement en retraite, reçoit de Campeaux des obus venant de *Colagnies,* où l'on observe une nombreuse infanterie française. Tandis que le général Senfft dirige la rupture, le trompette-major Sohner du 18e ulans, qui se trouve à côté de lui, reçoit une balle perdue.

La compagnie d'arrière-garde fait plusieurs fois face aux Français, notamment auprès de l'*église* et des *haies* de Campeaux, et reste en place pendant environ une heure, sans que les Français essaient de pousser de l'avant, puis, elle suit la colonne.

V. — **Achèvement**, après 4 heures 1/2.

A. Français

La compagnie Dornat, et le 1er bataillon de l'Oise restent à *Formerie*.

Quant au détachement du Nord, le colonel d'Espeuilles lui donne l'ordre d'aller cantonner à *Grandvilliers*.

Après un repos d'une heure, la colonne de droite se met en marche pour Grandvilliers, où elle arrive à 8 heures 1/2 du soir, harassée.

Quant à la colonne de gauche, le capitaine-commandant avait pris sur lui, le combat fini, de la replier par Saint-Arnoult vers Feuquières. Rattrapée à Feuquières, par un envoyé du chef de détachement, elle continue sa marche sans arrêt, et arrive à Grandvilliers, à 7 heures 1/2.

« Le capitaine de la 2e compagnie, avec 75 de
« ses mobiles, au lieu de suivre la colonne à
« Grandvilliers, s'arrête à Feuquières et y couche
« sans en avoir ni reçu l'ordre ni rendu compte ;
« son absence donna beaucoup d'inquiétude au
« chef de détachement ; il rejoignit le lendemain,
« ainsi que 19 autres traînards, dont 13 du Gard. »

PERTES

Compagnie du 76e de marche :   1 officier (blessé).
                               16 hommes (3 tués,
                                  13 blessés).

1er bataillon de l'Oise :   1 officier (blessé).
                               4 hommes (1 tué,
                                  3 blessés).

1er bataillon du Nord :   14 hommes (2 tués,
                                  12 blessés).

                   TOTAL :   2 officiers (blessés)
                               34 hommes (6 tués,
                                  28 blessés).

CONSOMMATION EN MUNITIONS

Section Joachim :   20 coups.
1er bataillon du Nord : 8,000 cartouches (environ).

DÉGATS MATÉRIELS

En cinq endroits différents, Formerie brûlait.
(M. Bellou).

B. ALLEMANDS

1° Marche de retour

Les Français croyant sans doute que les Allemands vont s'en retourner par Mureaumont sur Marseille-le-Petit d'où ils étaient venus, ont pris position à l'Est de Mureaumont, de sorte que la retraite peut s'effectuer sans être inquiétée, d'autant plus que de Formerie, on ne poursuit pas. C'est la continuation de l'immobilisation sur le front. *(Observation n° 69).*

Mais les Français utilisant la route Mureaumont-Beauvais peuvent toujours tenter de couper la route aux Allemands à Crillon, ou bien encore les troupes françaises qui ont réoccupé *Gournay* (ce qui est inexact), peuvent venir par Songeons, tenter une attaque contre le flanc du détachement Senfft en retraite. Par suite, le major von Schnehen reçoit l'ordre de gagner au plus tôt Crillon, en occupant les nœuds de route de la Chapelle sous Gerberoy et de Balleux.

On lit à ce sujet dans l'ouvrage Lemas :

« Cependant le *bruit* se répandait parmi les « Prussiens que la retraite allait leur être coupée, « que les hussards français se portaient du côté de « Songeons. *(Observation n° 70).*

« A fond de train aussitôt, les ulans et les « dragons partirent occuper le carrefour ou patte « d'oie de Songeons, et dominer ainsi la route qui « conduit à Beauvais. »

Le retour fut assez triste d'après les historiques :

A la nuit tombante, par des vallées profondes, des bois épais, le major von Schnehen se porte sur Crillon, par un temps *de trot prolongé. (Observation n° 71).*

Le III/18e ulans qui forme son avant-garde s'arrête à la *Chapelle-sous-Gerberoy,* avec mission ·d'observer le flanc vers Gournay.

Le I/18e ulans se porte à *Balleux,* pour assurer la protection dans la direction de Mureaumont.

Le V/18e ulans et les pièces ne s'arrêtent qu'à *Crillon.*

Près de deux heures se sont écoulées et la nuit est complète, lorsque le lieutenant-colonel von Trosky, avec l'infanterie et l'escadron d'arrière-garde, arrive à Crillon.

On continue alors la retraite, sous la protection du V/18ᵉ ulans, formant arrière-garde, et on arrive à Beauvais entre 9 et 10 heures du soir.

Le volontaire comte Beust, couché sur de la paille dans une voiture, meurt après d'atroces souffrances, un peu avant d'arriver à Beauvais.

« La journée de Formerie fut bien l'une des « plus dures de toute la campagne, dit l'historique « du 18ᵉ ulans, non pas à cause des pertes qui « furent peu élevées, mais les hommes étaient « restés en selle pendant 15 heures, par une pluie « continuelle, sans pouvoir donner à manger et à « boire aux chevaux.

« On avait fait 70 kilomètres, de sorte que « jamais l'infanterie n'aurait pu suivre, si on ne « l'avait fait monter sur les voitures.

« D'autre part, ces voitures avaient constitué « un impedimentum sérieux pour l'expédition ». *(Observation nᵒ 72)*.

2ᵒ *Dispositions de repli*

Dans la journée, le *bruit* avait couru à Beauvais que le général Senfft avait été tué, et son détachement disper-é. *(Observation nᵒ 73)*.

Comme ce *bruit* avait fortement surexcité la population, — qui allait et venait dans les rues, malgré une pluie torrentielle, formant des groupes où l'on discutait à haute voix et où l'on entendait souvent les mots : les Prussiens capout (*sic*) — le commandant d'armes avait fait prendre les armes, et avait mis en marche vers Crillon, les 6ᵉ et 7ᵉ compagnies de la garde à pied. .

Vers 8 heures du soir, des estafettes à cheval, ayant apporté la nouvelle des événements de la journée, les deux compagnies furent rappelées.

L'agitation de la population ne fit que croître.

Pendant la nuit, pour faire face à toute éventualité, toute la garnison fut tenue sur pied, deux compagnies prirent la garde.

PERTES

18ᵉ Ulans :   3 hommes (1 tué, 2 blessés), 6 chevaux.
3ᵉ Reitres :   1 homme (blessé).
Garde à pied : 22 hommes (9 tués et 13 blessés).
Batteries :   1 homme (tué), 2 chevaux.
     TOTAL : 27 hommes (11 tués, 16 blessés), 8 chevaux.

3 Prussiens sont enterrés à Formerie et 3 à Bouvresse.

Les historiques allemands sont unanimes à faire la remarque ci-après :

« C'est à l'instruction de tir défectueuse de « l'adversaire qui *tirait* presque toujours *trop haut* « ainsi qu'à la *faible portée* de son fusil, que l'on « devait de n'avoir pas subi de plus grandes « pertes. »

J'admets la première partie de l'argumentation,

en faisant remarquer que, de leur côté, les mobiles craignant l'insuffisante portée de leur fusil, tiraient trop haut, faisant ainsi une correction de pointage exagérée. *(Observation n° 74).*

J'examinerai·par ailleurs *l'influence morale de l'armement* sur la tenue des troupes de nouvelle formation ; il est certain que les mobiles s'exagéraient l'infériorité de leur fusil par rapport au fusil Dreyse ; le fusil à tabatière était surtout inférieur au chassepot — il est certain aussi qu'il eût mieux valu donner le chassepot aux mobiles, plutôt qu'à des formations, plus éloignées de l'ennemi, comme on l'a fait ; du reste, les mobiles, et je parle des bons, se chargeaient de s'en procurer et, à la fin de la campagne, telle compagnie en était armée pour moitié — mais il n'en est pas moins certain qu'il n'y a pas eu à Fayet, de différence sensible entre la *tenue au feu* des bataillons de mobilisés armés de chassepots et celle des bataillons armés de fusils à piston.

Il y en a eu, et d'énormes, entre tel bataillon bien commandé et tel bataillon non commandé. On peut donc poser en fait que : 1° *l'armement* n'a pas une influence morale aussi prépondérante qu'on le croirait. *(Observation n° 75).*

2° L'attitude personnelle du chef en a une beaucoup plus grande qu'on ne le croit. *(Observation n° 76).*

CONSOMMATION EN MUNITIONS

Infanterie : 5.530 cartouches, dont 530 pour la 8ᵉ compagnie.

Artillerie : 324 coups, dont 10 pour la section Mittelbach.

§ VII. — Enseignements tactiques

Récapitulation méthodique des Observations

SERVICE D'INFORMATION

Agents restés en pays envahi, 4.
Avis par émissaire, 21.
Bruits, 3, 7, 16, 70, 73.
Conversations des soldats, 5.
Dires des habitants, 6, 24, 37, 62.

ORGANISATION

Attribution d'artillerie aux détachements, 1, 10.
Attribution de quelques cavaliers aux détache-
    ments, 11.
Brigades mixtes, 2.

COMMANDEMENT

Attitude personnelle du chef, 53, 76.
Choix de la direction de retraite, 51.
Dévouement, 2 bis.
Instructions à longue portée, 8.
Marche au canon, 29.
Résolution du chef, 9, 17, 20, 22, 35.
Tentation de faire 2 colonnes, 38.

TACTIQUE GÉNÉRALE

Décision retardée par la faute des exécutants, 36.
Décision amenée par une intervention opportune,
    50.
Dispositif de défense prématuré, 15.
Immobilisation sur le front, 49, 69.
Renfort inattendu doit être annoncé, 7 bis.
    d°   mis aux ordres du chef local, 8 bis.

CAVALERIE

Charge en fourrageurs, 68.
Observation du champ de bataille, 42.
Patrouille coupée, 67 bis.
Temps de trot prolongé, 71.

ARTILLERIE

Conduite à tenir par une artillerie prise à court, 65.
Obus qui n'éclatent pas, 28, 66.
Protection de la rupture du combat, 44.
Retraite précipitée de l'artillerie, 64.
Tir par dessus les maisons, 27, 67.

SERVICE EN CAMPAGNE

Convoi de voitures de réquisition, 13.
Départ par alerte donnée aux officiers, 19.
Guides, 39.
Indices, 25.
Reconnaissances, 12.
Voitures pour l'infanterie, 14, 23, 72.

§ VIII. — Conclusion historique

Le combat de Formerie eut un effet moral considérable, tant sur les populations que sur nos jeunes troupes, et, en particulier, sur les mobiles.

« Il n'en fallut pas moins, dit l'historique du « 2ᵉ garde à pied, que la nouvelle de la capitulation « de Metz arrivée quelques jours après, pour

« dissiper la mauvaise impression produite par
« l'issue inattendue du combat de Formerie ».

Le commandant Cadet dit dans son rapport :

« Ce premier succès donna aux mobiles
« confiance en eux-mêmes ».

Un autre résultat fut de galvaniser les troupes
figées sur l'Andelle. (Dès le 2 novembre en effet,
nous les voyons réoccuper Gournay).

Il n'y avait plus qu'à se rapprocher tant soit
peu, comme pour resserrer un investissement, et,
à jour donné, se jeter sur Beauvais, mais il fallait
se dépêcher, le jour même de Formerie, la
capitulation de Metz allait rendre disponible la
1re armée allemande.

Du côté allemand, on déclare que le but de
la reconnaissance pouvait être regardé comme
atteint.

« Vous m'avez touché, c'est vrai, disait certain
« maître d'armes, mais j'ai fait la parade que
« j'ai voulu. »

Quoi qu'il en soit, le fait que les Français
avaient engagé le combat avec des troupes des
trois armes, suivant une idée tactique parfai-
tement combinée, permettait de conclure à des
progrès réels dans l'organisation des nouvelles
formations françaises.

On s'était trouvé en présence d'un déploiement
de forces qui n'était pas à dédaigner et, de
l'impossibilité de pousser au-delà de Formerie,
on pouvait déduire une concentration des forces

de Picardie et de Normandie sous une direction unique.

Tout cela montrait que les Français pourraient bien maintenant se risquer à des entreprises offensives d'une plus grande envergure.

Dès le 31 octobre, le commandant de l'armée de la Meuse demande à être renforcé par une division d'infanterie, en se basant sur ce fait que, d'après les renseignements arrivés et d'autres indices, on devait s'attendre à voir les troupes rassemblées dans le Nord par le général Bourbaki, prendre l'offensive en partant de Rouen.

Or, était-ce bien l'idée du général Bourbaki, était-ce l'avis de nos autres commandants en chef, était-ce le rôle qu'il convient de faire jouer à de jeunes troupes, était-ce en particulier le rôle qu'il convenait de faire jouer aux troupes du Nord, c'est là que je trouverai ma conclusion.

1º Le général Bourbaki consulté sur le plan général d'opérations, insiste sur le danger d'opérer en grandes masses en face d'un ennemi contre lequel avaient échoué nos armées régulières ; tandis qu'avec des divisions indépendantes, bien enca-drées, qui multiplieraient les incursions sur ses lignes de communication, les coups de main hardis sur ses dépôts de vivres et de munitions, on préparerait mieux au prix de quelques sacrifices partiels, mais sans risquer un nouveau désastre général, les sorties attendues de l'armée investie ;

2º Le général Chanzy dit qu'il fallait refuser les grandes batailles, abandonner le système de la

guerre de masses, si malheureusement suivi
jusqu'alors, résister derrière tous les obstacles,
harceler l'ennemi, couper ses communications,
empêcher son ravitaillement, l'user en détail et
faire le vide devant lui ;

3° Le général Trochu dit de son côté, moins
heureusement :

Jamais je n'avais admis, je le répète, que
nos rassemblements pussent recevoir en rase
campagne, le choc des forces allemandes, encore
moins le provoquer par l'offensive, mais je croyais
qu'en se laissant attaquer dans des positions
préparées pour la défensive (villes, bourgs et
villages fortifiés par des travaux de campagne,
forêts, cours d'eau) *avec retraite assurée*, elles
pouvaient infliger à l'ennemi des pertes considé-
rables. le fatiguer et peut-être le lasser ;

4° Le système de la guerre de détail devait
recevoir dans la campagne du Nord deux
éclatantes consécrations ; d'abord, par le général
Farre, qui l'ayant abandonné, s'empressa de le
reprendre après la désastreuse expérience du
27 Novembre 1870 ; ensuite par le général
Faidherbe qui, l'ayant abandonné à son tour, en
témoigna ses regrets dans une conversation qu'il
eut avec le général Lecointe à Pozières, le 15
Janvier 1871, et se disposait, s'il eut réussi
à franchir l'Oise le 18 Janvier 1871 à le reprendre
en grand.

Il est bien évident, dit le commandant Cadet,
que les mobiles auraient pu rendre de réels
services, mais il eut aussi fallu leur éviter les

retraites forcées qui finissent à la longue par rebuter.

C'est par des escarmouches semblables, dit Grenest, d'où l'on a soin qu'elles sortent victorieuses, qu'on aguerrit de jeunes troupes et qu'on les habitue au bruit de la fusillade, au sifflement des projectiles et à la vue de l'ennemi.

C'est ce que fit si bien le général Dumouriez avec ses volontaires du camp de Maulde au point qu'il réussit, en quelques mois, non seulement à leur donner une tenue bien supérieure à celle des autres troupes de même composition, mais même à en faire une sorte d'élite.

5° Quel était le procédé à employer pour cela, le colonel Farre l'indiquait, à cette époque de la manière suivante :

« Commencer les opérations avec des petits « corps de volontaires appuyés par des bataillons « de mobiles, au fur et à mesure qu'ils auront « été mis à même de marcher.

« Les employer d'abord isolément...

« Les faire accompagner d'une ou deux pièces « ou de mitrailleuses, s'il est possible de s'en « procurer.

« Plus tard, quand ces bataillons seront un peu « aguerris, les réunir par groupes de deux ou « trois pour des opérations un peu plus impor- « tantes.

« Si la guerre dure, avec des soins soutenus, on « aura bientôt des troupes en état de faire bonne « contenance en ligne ».

Au reste, tout cela ressort d'un principe général :

« A la guerre, il faut toujours vouloir ce que l'ennemi ne veut pas ». Cela ressort bien aussi de la sagesse des nations : Ne forçons pas notre talent.....

Autrement dit : aux armées organisées, la recherche de la bataille ; aux nouvelles levées, les escarmouches.

Si l'exemple du 1er bataillon du Nord montre une fois de plus que : tant vaut le chef, tant vaut la troupe, il n'en est pas moins hors de doute, que l'heureuse issue du combat de Formerie eut une influence considérable sur l'excellente tenue de ce bataillon pendant toute la campagne du Nord.

C'est sans nul doute, au souvenir de Formerie, qu'il devra le suprême honneur d'être choisi, le 3 Janvier 1871, pour participer comme troupe de ligne, à l'attaque de Tilloy.

§ IX. — Pièces justificatives

1° *Rapport du Commandant de Lalène-Laprade*

Le 1er bataillon du Nord parti d'Amiens le 27 au soir par voie ferrée pour se rendre à Poix, y est arrivé à 9 heures.

Il est parti à pied, à 4 heures 1/2 du matin pour se rendre à Grandvilliers sur lequel on croyait que les Prussiens se dirigeaient.

Le bataillon s'étant renforcé en route à Equennes de sa compagnie de francs-tireurs, et d'une compagnie du Gard, ce qui portait son effectif à environ 1.500 hommes, est arrivé à Grandvilliers à 8 heures 1/2.

Il n'a pas rencontré l'ennemi à Grandvilliers et, après avoir pris une heure de repos, il s'est dirigé par Feuquières sur Formerie, où l'on entendait le canon.

Dès son arrivée à Feuquières, le bataillon a été formé en 2 colonnes. La plus forte, sous mes ordres, avait le projet de tourner Formerie vers la droite, tandis que la 2e colonne, composée d'environ 500 hommes et des 2 pièces d'artillerie, s'est portée vers la gauche pour couper l'ennemi particulièrement dans la retraite.

D'après les renseignements qu'on me donnait, l'action se passait au-delà de Formerie ; je comptais donc, avec ma plus forte colonne, rabattre l'ennemi vers la gauche, et l'obliger à passer sous le feu de mon artillerie.

Ce mouvement tournant ne s'est pas achevé, parce que l'ennemi a commencé sa retraite une heure environ après notre arrivée ; mais l'artillerie avait été bien placée, et a fait beaucoup de mal à l'ennemi.

De ce côté, le résultat attendu a été très satisfaisant.

Vers 5 heures, les Prussiens étaient en pleine retraite et hors de portée de nos coups.

J'ai pris les ordres du colonel d'Espeuilles, qui m'a ordonné d'aller coucher à Grandvilliers, où nous avons passé la nuit.

Le capitaine de la 2ᵉ compagnie et 75 hommes environ n'ont pas encore rejoint, je n'ai pas encore de leurs nouvelles.

Jusqu'à présent, je puis rendre compte de 1 homme tué, 10 hommes blessés et 19 disparus, dont 13 disparus appartenant au département du Gard.

L'artillerie désirerait avoir un caisson de munitions.

A l'heure où j'écris, on entend le canon dans la direction de Formerie.

(Nota : erreur). Je fais prendre des renseignements et, bien que le bataillon soit harassé par une marche de 50 kilomètres après la nuit du 27 au 28 presque sans sommeil, je me porterai en avant si cela est utile.

Signé : de Lalène-Laprade.

Il reste 90 coups par pièce, et 45 à 50 cartouches par homme.

La compagnie du Gard qui a l'ancien fusil a 30 cartouches par homme.

2° Rapport de l'artillerie, de Grandvilliers, le 29.

A 2 heures 1/2, nous avons mis en batterie dans et près le village de Mureaumont, contre la cavalerie. Nous avons tiré 3 boîtes à mitraille à 500 mètres, 1 obus à balles à 2,200, et 16 obus ordinaires à 2,500 et 3,000 mètres.

A en juger d'après leurs évolutions et leur fuite rapide, nous leur avons causé de grands dégâts.

N'ayant pu me transporter à la position qu'ils occupaient, je n'ai pu savoir le nombre de leurs morts. Nos hommes ont conservé un sang-froid admirable et je n'ai que des compliments à leur faire sur la manière dont ils nous ont débarrassés des ulans dispersés en éclaireurs.

Signé : Joachim.

Je désirerais avoir un caisson, les munitions pouvant me manquer.

Note inscrite sur le rapport : L'envoi des munitions a été fait le 30.

3° Lettre du général commandant la 2ᵉ division militaire, au général commandant la 3ᵉ subdivision de la 3ᵉ.

Dans l'attaque dirigée par les Prussiens avant-hier sur Formerie, le bataillon du Nord, avec ses 3 pièces (sic) s'est porté avec entrain, de son cantonnement sur le lieu menacé, où il a vigoureusement attaqué l'ennemi, et puissamment contribué à le repousser.

Il me plaît à lui en rendre bon témoignage.

Le colonel du 3ᵉ de hussards, qui commande les troupes employées à la défense du pays de Bray, me fait connaître qu'il désirerait vivement que ce bataillon puisse s'établir à *Grandvilliers* au lieu de Poix.

J'ai l'honneur de vous transmettre cette demande en l'appuyant et de vous prier d'y donner suite si toutefois elle n'est pas en opposition avec vos projets de défense dans votre département.

Signé : *Briand.*

4° Lettre du général commandant la 3ᵉ subdivision, de la 2ᵉ division militaire, au commandant de Lalene-Laprade.

Je vous félicite, ainsi que votre bataillon de la manière dont vous vous êtes conduits à Formerie.

Signé : *Paulze d'Ivoy.*

5° Récit du général d'Espeuilles

Averti de la sortie d'une forte colonne de Beauvais, marchant sur Formerie, je pris mes dispositions de suite pour concentrer le plus de monde possible et je retrouve les brouillons des dépêches que j'ai envoyées au télégraphe, je retrouve également cette dépêche du général de division à Rouen, m'expédiant 800 marins.

De ma personne, je me portai de suite à Gaillefontaine avec 2 escadrons, puis je poussai vivement sur Formerie : la fusillade était très vive, principalement autour de la grande place. Le brouillard était très épais et on ne pouvait pas se rendre compte de l'ensemble du combat. Je fis prononcer un mouvement tournant immédiat avec les troupes que j'avais sous la main et je prescrivis à la cavalerie de hâter son mouvement pour prendre à revers l'artillerie qui était en position de l'autre côté de Formerie.

L'ennemi commençait à céder dans les rues, puis le canon cessa brusquement : en me portant vivement en avant, je vis dans le brouillard des hommes que je pris pour l'ennemi et qui étaient sur l'emplacement abandonné par l'artillerie ; quelques coups de feu furent même tirés sur eux par mes mobiles qui sortaient très animés des différentes rues. J'appris alors par ces hommes qu'ils appartenaient à un bataillon de volontaires du Nord qui avait marché au canon et avait pris absolument à revers la batterie allemande qui n'avait eu que le temps de ratteler. Le combat était fini et l'ennemi laissait des morts sur le terrain, il avait mis le feu à quelques maisons.

Une partie de la cavalerie se trompa de route dans le brouillard, l'autre partie talonna la colonne allemande qui se retirait très compacte : arrivés à un bois qui traverse la route, les Allemands mirent leurs voitures en travers et firent des feux de salve sur la cavalerie qui ne put pousser plus loin.

En résumé, l'ennemi avait complètement échoué dans sa tentative de couper le chemin de fer, grâce aux renseignements qui m'avaient permis de concentrer assez de forces pour lui résister.

Tableau détaillé des pertes Françaises

COMPAGNIE DU 76ᵐᵉ DE MARCHE

1 officier blessé :   M. Dornat, capitaine.

3 hommes tués :   Burth Emile, enterré à Formerie.

        Lunel Isidore, enterré à Formerie.

        Blanchard Eugène, enterré à Formerie.

13 hommes blessés : Campel André.

        Dupille Léon.

        Courville Charles.

        Terasse Jacques.

        Guemot Léon.

        Marchand Alfred.

        Provost Jean-Louis.

        Pochon Pierre.

        Lannay Bienaimé.

        Blanc Louis.

        Galtier Victor.

        Guiot Jean.

        Robert Paulin.

1ᵉʳ BATAILLON DE L'OISE

1 officier blessé :   M. Alavoine, capitaine.

1 homme tué :   Binière Jules, (caporal), exhumé.

3 hommes tués :   George, (sergent).

        de Marthes, (sergent).

        Jourdan, (sergent).

1er BATAILLON DU NORD

2 hommes tués :   Piette Jules, enterré à For-
merie.
Gromez François, enterré à
Formerie.
12 hommes blessés : Démaret Emile.
Naveau Adonis.
Marat Albert.
Stavaux Clovis, (sergent-
major).
Chevalier Auguste.
Caniot Emile, (caporal-
clairon).
Dupont Saturnin.
Pouplier Antoine.
Lamain Victor, (caporal).
François Zénobe, (sergent).
Legrand Ulysse.
Fievet Jules.

Cambrai. — Imp. Régnier frères (68524)

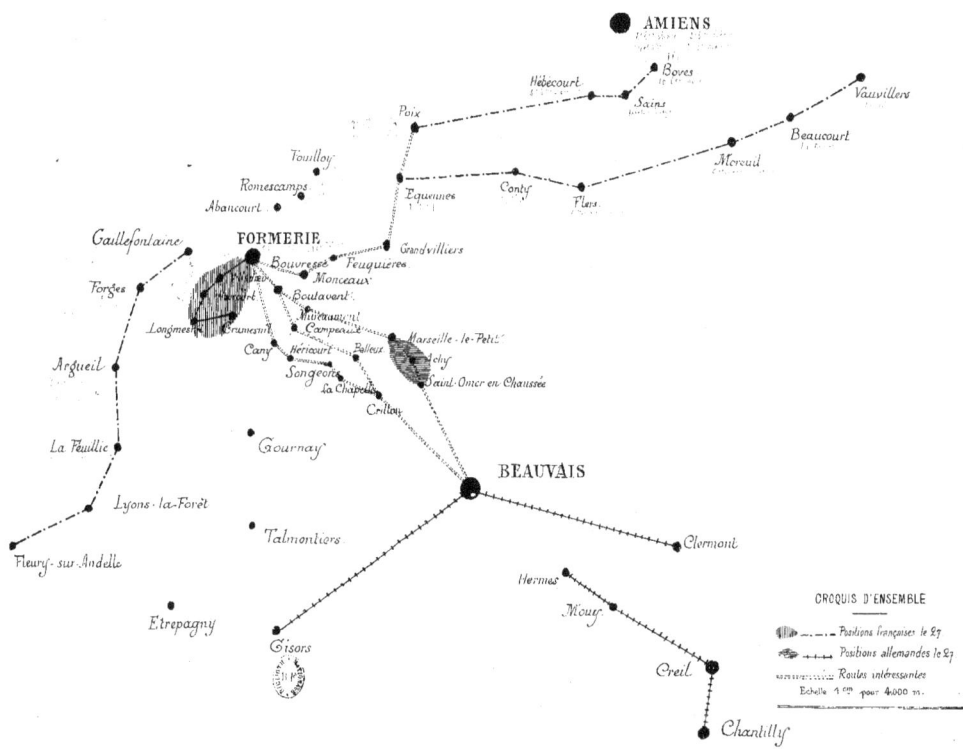

AMIENS

Boves

Vauvillers

Hébecourt

Poix

Sains

Beaucourt

Mercuil

Touilloy

Romescamps

Équennes

Conty

Flers

Abancourt

Grandvilliers

Caillefontaine

FORMERIE

Bouvresse

Feuquières

Monceaux

Forges

Boutavent

Longmesnil

Brunesnil

Milleraumont

Campeaux

Marseille-le-Petit

Cany

Héricourt

Belleux

Arqueil

Songeons

Elchy

la Chapelle

Saint-Omer en Chaussée

La Feuillie

Crillon

Lyons-la-Forêt

Gournay

BEAUVAIS

Clermont

Fleury-sur-Andelle

Talmontiers

Hermes

Étrepagny

Mouy

Gisors

Creil

Chantilly

CROQUIS D'ENSEMBLE

Positions françaises le 27
Positions allemandes le 27
Routes intéressantes
Échelle 1 cm pour 4.000 m.

CROQUIS DE DÉTAIL

A - Artillerie Française
B - Artillerie Allemande
Echelle : 1 m/m pour 400 m

www.ingramcontent.com/pod-product-compliance
Lightning Source LLC
LaVergne TN
LVHW020950090426
835512LV00009B/1820